모르기도 하지만 안다고 생각하기 때문에 더 잘 알 기회를 반납하는 습관, 자신의 생각을 의심하는 겸비함을 가지고 있지만 그 의심을 의심하는데 까지는 생각하고 싶어 하지 않는 게으름으로 인해 우리는 좌절과 자만의 늪 사이에서 늘 좌충우돌 하는 것 같습니다. 그래서 두들겨 보는 시간은 신앙의 수준을 넘어 모두에게 날마다 절실한 생명을 위한 필수 과정입니다. 이 과제 앞에서 이국진 목사님과 이 책은 매우 적합한 안내자가 될 것이 분명합니다.

예수향남교회 **정갑신** 목사

이국진 목사님은 성경적으로 잘 준비되어 있을 뿐만 아니라, 성경의 메시지를 쉽고 재미있게 전달하는 탁월한 능력이 있는 분입니다. 이국진 목사의 『두들겨 보기』는 기독교 신앙의 가장 기초적인 것들을 다룬 것으로서, 우리의 신앙이 기초를 다지는데 아주 적절한 책이 될 것입니다. 새롭게 기독교 신앙을 추구하는 분들에게나 이미 오랫동안 신앙생활을 했던 분이나 모두에게 유익이 되는 책이라 믿어 의심하지 않습니다.

벌교 대광교회 **최원철** 목사

이국진 목사님의 『두들겨 보기』를 단숨에 읽었습니다. '그리스도', '성부 하나님', '교회', '성령에 이끌린 신자의 삶', '종말' 등의 묵직한 주제들이 "마음 열기"와 단계적인 본문 구성을 거쳐 "생각해볼 문제"로 이어지는 자연스러움 속에서 마치 봄비에 강물이 불듯 친근하게 깊이를 더해가고 있습니다.

그리스도인들이 반드시 깨닫고 체화(體化)해야 할 복음의 핵심 가치들을 적절한 설명과 변증과 예시를 오가며 풀어낸 재미와 더불어 필요할 때마다 간단하고 실천 가능한 방법들을 제시하고 있어 읽는 즐거움이 한층 더했습니다. 예수를 믿는 삶이 행복과 다르지 않다는 것을 새삼 느끼게 해주더군요.

복음의 빛 교회 **이진영** 목사

청년 사역자로써, 믿음의 내용을 잘 설명해줄 청년들을 위한 쉬운 책에 대한 아쉬움이 늘 있었습니다. 그리고 이 책을 받아 들었을 때 드디어 "그 책"을 찾았다는 큰 기쁨을 느꼈습니다. 새 신자뿐만 아니라, 청년 리더들의 필독서로 강력히 추천합니다.

강남교회 다니엘 청년부 **김상순** 목사

다원주의 시대가 기독교 신앙에 위기인가 기회인가? 사실 답은 우리가 어떻게 대처하고 어떤 태도를 가지고 있느냐로 결정될 수 있다. 이런 상황에서 기독교 내부에서 신앙의 본질을 질문하며 그에 대한 관심이 커지는 것은 고무적인 현상이라 볼 수 있겠다. 그러나 본질을 추구한다지만 기초와 기본은 삭제된 경우들이 있는데 이는 마치 한 야구선수의 홈런을 때릴 기세의 풀스윙이 헛스윙이 되는 경우와 비슷한 결과를 초래한다. 저자의 책 『두들겨 보기』는 기독교 신앙의 본질과 기초 모두를 세울 수 있도록 인도하고 있다. 또한 개인의 독서로도 유익하겠으나 교회 공동체가 함께 읽어 토론하면 훨씬 유익할 것이라 확신한다.

교회잉크 김용노 목사

신약학자요 목회자인 저자가 펴낸 기독교 신앙에 대한 입문서인 동시에 변증서다. 우리 삶의 질문들을 기독교 신앙의 큰 그림 속에 담아내는 저자 특유의 통찰이 인상적이다. 구입해서 읽고 전도하고 싶은 이들에게 선물하면 좋을 책이다.

아세아연합신학대학교 정성국 교수(신약학)

저자는 총신대학교 총신신학대학원의 친구이자 함께 하나님의 교회를 건강하게 세워나가는 동역자입니다. 이국진 목사는 주님이 세우고자 하는 교회를 세워가길 원하는 하나님의 동역자입니다. 이 책을 통해서 자신의 믿음생활을 점검할 수 있는 길잡이가 될 아주 좋은 안내를 받으시길 바랍니다.

사랑이 머무는 교회 이상용 목사

우리 시대 교회와 교인들의 삶에는 복음이 아닌 것들이 복음인양 들어앉아, 믿음이 아닌 것으로 무언가 이루어보려고 덤비다가 참담한 민낯을 드러내고 있습니다. 진지하고 정직하게 자신을 돌아보고 우리 속에 들어 있는 것의 실체를 확인해야 할 때입니다. 저자는 매력적인 종교가 아니라 생명의 복음이 무엇인지 그 핵심과 본질을 누구나 한번쯤 품어보았을 질문을 던지며 쉽고 자상한 이야기로 풀어냅니다. 오늘 우리 믿음의 항해에 꼭 필요한, 작지만 신뢰할 수 있는 내비게이션과도 같은 책입니다.

필라델피아 한인개혁장로교회 장덕상 목사

이국진 목사님은 신학자이며 동시에 목회자입니다. 이 책에는 이 두 가지 특징이 매우 선명합니다. 무엇보다 이 책에는 기독교 신앙에 대한 진지한 고민을 가지고 있는 분들이라면 한 번쯤은 던져 보았을 질문들로 가득합니다. 이에 대해서 목사님은 지혜로운 아버지 같이 친절하고 따뜻한 지혜의 말을 들려줍니다. 그런데 목사님의 지혜의 말은 따뜻하고 친절하기만 한 것은 아닙니다.

거기에는 본질을 꿰뚫는 신학자의 예리함이 묻어 있습니다. 지금 세상에는 따뜻하기는 한데 예리함이 현저히 결여된 글들과 예리하기는 한데 전혀 따뜻하지도 않고 재미도 없는 글들로 가득합니다. 그런데 이국진 목사님의 글은 예리하면서도 따뜻하고 거기에 재미까지 곁들여져 있습니다. 이 책을 읽다가 무릎을 탁 치면서 읽게 될 독자들의 얼굴을 상상하게 됩니다. 책이 출판되면 우리교회 성도들에게 사서 읽으라고 권해야겠습니다.

뉴잉글랜드 은혜장로교회 **이강택** 목사

『두들겨 보기』는 여러 색깔의 삶을 경험해본 입장에 있으면서 또한 성경에 대해서도 전체적이고 균형 있는 이해를 가진 사람이 기독교의 핵심적인 특징을 소개하는 책이라는 걸 보여줍니다. 달리 말해 이 책에서 저자 이국진 목사는 교회를 섬기는 목사로서, 신학을 가르치는 전문가로서, 산도 넘어보고 강도 건너본 이력의 관점을 가졌으면서 또한 그 모든 과정을 성경적인 가르침의 균형으로 두들겨봤던 경험을 설득력 있고 간결하게 보여줍니다.

새물결교회 **박삼영** 목사

목회를 하다보면 난감한 순간들을 만나게 된다. 그 중 하나가 오랜 시간 신앙생활을 했지만 놀랍도록 성경적이지 않은 생각들을 가지고 있는 분들을 만날 때이다. 신앙의 성장과 성숙이란 결국 하나님에 대한 오해를 풀어가는 기나긴 과정인 듯싶다. 그래서 우리의 믿음이 성경적인 신앙인지 돌다리 두드리듯 두드려 보아야 한다는 이국진 목사님의 사랑담긴 지적에 절로 고개가 끄덕여 진다. 이 책이 성숙을 향해 가는 독자들의 신앙 여정에 좋은 길잡이가 되어줄 것이라 믿는다.

목양장로교회 **주은재** 목사

가장 기본적이지만 가장 중요한 질문들에 대한 성실하고 따뜻한 답변. 목회적 사랑과 학자적 날카로움이 어우러져 돌다리를 안전하게 건너도록 하는 신앙의 지침서이다. 이 책을 발견하면 두들겨보지 말고 사라!

Central Baptist Theological Seminary 홍승민 교수(신약학)

알기 위해서 믿는다는 유명한 말이 있습니다. 믿음을 통해 이해가 뒤따른다는 의미입니다. 이국진 목사님은 『예수는 있다』를 비롯해서 예수가 없다는 주장들에 대한 따뜻하고 일목요연한 변증들을 해왔습니다. 믿음이 가고 이해가 가는 그리스도 신앙을 향한 나침반으로 이 책을 추천 드립니다.

뉴시티 교회 오종향 목사

오랫동안 곁에서 지켜본 이국진 목사님은 제대로 성경을 연구한 학자이며 목회의 현장의 고민들을 잘 알고 대안을 제시해온 목회자입니다. 이국진 목사의 『두들겨보기』는 성도들이 반드시 알아야 할 기초적인 진리들을 아주 쉽게 그리고 독특한 방식으로 풀어내고 있습니다.

당진제일교회 방병만 목사

이국진 목사님의 글은 신학적 깊이, 성도의 신앙생활에 대한 치열한 고민, 성경적 해답 제시, 명쾌한 논리를 담고 있습니다. 이 책을 통해서 우리 모두는 신앙의 핵심 주제에 대한 명쾌한 성경적 해답을 얻게 될 것입니다. 모든 성도에게 필요한 주제를 탁월하게 다루었기에 집안에 한권씩 두고 읽으시면 아주 유익할 것입니다.

부전교회 **박성규** 목사

이국진 목사의 다른 책들도 요즘 이슈들을 신학적 깊이와 정밀성을 갖고 다뤄준 점이 좋았는데 이번에도 기독교 신앙의 기본적인 질문들을 성경과 신학을 기반으로 다뤄주었다. 그래서 신앙생활을 처음 하는 분들은 물론 신앙을 점검하고자 하는 분들에게 유익한 책이다. 두들겨보기 전에는 견고하게 느껴졌던 것들이 이 책을 통해서 제대로 검증될 것 같아서 기대가 된다. 초신자에서 신앙 고수들도 한번은 꼭 읽어보면 좋겠다. 이국진 목사의 신학적 고뇌와 목회적 경험에서 태어난 책이라서 더욱 유익한 책이다.

산울교회 **이승한** 목사

기독교 신앙이 사회적으로 도전을 받는 시대에 진지한 고민을 담아 생각하는 지성인들에게, 그리고 열린 마음으로 관심을 드러내는 자들에게 이국진 목사의 『두들겨보기』는 때마침 주신 하나님의 선물입니다. 미국에 팀 켈러 목사의 『The Reason for God』이 있다면 한국에는 『두들겨보기』가 있다고 자신 있게 추천하고 싶습니다. 진지한 고민으로 우리의 궁금증을 안마하듯 시원하게 두들겨줄 것을 믿습니다.

벧엘 한인교회 김한요 목사

우리 곁에 이국진 목사님이 계시다는 것은 아주 큰 축복입니다. 성경을 바르게 해석하고 분석하여 쉽게 풀이해주는 목사님의 안목이 뛰어나 아주 큰 도움을 받고 있습니다. 이국진 목사님의 『두들겨보기』도 수많은 사람들에게 영적인 유익을 줄 것이라고 믿어 의심하지 않습니다. 특히 새신자에게 신앙의 내비게이션 역할을 제대로 할 것입니다.

옥련중앙교회 한종근 목사

신앙은 믿는 것이기도 하고 믿어지는 것이기도 하다. 그 둘이 어느 날 만났을 때 우리는 새로운 존재를 만나고 새로운 세계에 진입한다. 내가 믿기로 한 날은 사실 믿어지는 나를 인정하는 날이다. 그것은 숱한 질문들과 씨름한 끝에 찾아온 감격이다. 이 책은 신앙에 입문하는 이들에게 찾아오는, 때로는 불경기도 하고 때로는 난해하기도 한 그 질문들을 먼저 제시하고 친절하게 대답을 찾아가게 해주는 책이다. 어떤 이에게는 신앙의 문을 열어주고, 또 다른 이에게는 신앙의 기초를 점검하게 하는 책이다. 오랜 숙고와 영혼에 대한 관심과 축적된 경험에서 나온 열매이다. 전도와 양육 모두를 위한 참 튼실한 책이 나왔다.

묵상과 설교 편집장, 광주 소명교회 **박대영** 목사

복음이 너무 흔하지만 분명한 소리를 내지 못하고 혼탁한 이 시대에 이국진 목사님은 아주 분명한 나팔을 부는 분입니다. 과연 우리가 믿는 것이 성경적인지 이국진 목사의 『두들겨 보기』를 읽으면서 우리의 신앙을 점검할 필요가 있다고 생각합니다. 나는 이 책을 앞으로 신학을 공부하는 모든 신학생들에게 추천하고 싶습니다.

아세아연합신학대학교 **신종철** 교수(교회사)

이국진 목사는 성경해석학을 전공한 탁월한 학자이지만 동시에 어떤 성경 본문에서든지 예수 그리스도의 십자가를 감격으로 전하는 눈물의 설교자이다. 이미 『사랑』을 통해 고린도전서 13장에 담긴 복음의 보화를 캐낸 바 있는 저자가 이번에는 『두들겨보기』를 통해 기독교 신앙의 기초를 소개한다. 성경의 진리를 쉽고 간결한 문체로 써내려간 본서가 많은 사람들의 신앙에 단단한 기초를 놓으리라 의심치 않는다.

합동신학대학원대학교 박덕준 교수(신약학)

이국진 목사님은 복음에 대한 진득한 열정과 사람에 대한 따뜻한 시선을 겸비한 분이다. 신앙의 본질과 복음적 삶의 실체에 대해 천착해 온 그 간의 바탕 위에서 그는 이번에 기독교 신앙의 골격을 이루는 다섯 가지 주제를 가지고 진지하지만 무겁지 않게, 건강하고 맛깔스런 책을 펴냈다. 이국진 목사님 특유의 레시피와 능숙한 솜씨로 그 모습을 드러낸 이 책이 기독교신앙에 다가서려고 하는 사람과 이미 신앙인이지만 믿음의 기초를 재확인하고자 하는 이들에게 큰 기쁨과 유익을 주리라 믿는다.

뉴욕 나무교회 정주성 목사

이국진 목사의

두들겨보기

make it sure

WBS

2018

Make it sure

by Kukzin Lee
Copyright ⓒ 2018 이국진
본 책은 저작자의 지적 재산으로서 저작권법에 의하여 보호받는 저작물이므로 무단 전재와 복제를 금합니다.

이국진 목사의

두들겨보기: 돌다리도 두들겨보듯 성경적인 신앙인지 두들겨보아야

지 은 이 : 이국진
초판발행 : 2018년 3월 26일
등록번호 : 제2018-000008호
펴 낸 곳 : 웨스트민스터 성경 연구소

책값은 뒤표지에 있습니다.
ISBN 979-11-963159-0-0 03230

문   의 : missionwestminster@gmail.com
          (저작권 사용 문의, 오탈자 신고)

이 도서의 국립중앙도서관 출판예정도서목록(CIP)은 서지정보유통지원시스템 홈페이지(http://seoji.nl.go.kr)와 국가자료공동목록시스템(http://www.nl.go.kr/kolisnet)에서 이용하실 수 있습니다. (CIP제어번호 : CIP2018008381)

웨스트민스터 성경 연구소는 쉽고도 분명한 하나님의 말씀으로 온 세상을 품는다는 목적을 가지고 세워진 비영리 선교 기관입니다. 성경 연구소를 통해, 하나님의 말씀이 온 세상에 전해질 수 있기를 기대합니다.

두들겨보기

성경적인 신앙인지 두들겨보아야

돌다리도 두들겨보듯

이국진

WBS

내용 엿보기

머리말   23

- 신앙생활은 그저 열심히 하기만 하면 되는 것일까?
  지금 내가 가는 그 길이 옳은지 그른지 따져보지도
  않고?

- 집에서 가기 가장 편리한 교회가 가장 좋은 교회일
  까? 교회를 선택할 때 가장 중요한 기준은 무엇일
  까? 아니 우리가 믿을 종교를 선택할 때 그 기준은
  무엇일까?

1강. 비움의 방법과 채움의 방법   29

- 어느 종교나 열심히 믿기만 하면 되는 것 아닐까?
  왜 예수님을 믿어야만 한다고 하는가? 그건 독선적
  인 주장이 아닐까?

- 하나님이 계시는 것에 내 인생을 걸 것인가? 하나님이 계시지 않다는 것에 내 인생을 걸 것인가?

- 왜 인생은 고통의 연속일까? 이 고통에서 벗어나는 방법은 무엇일까?

- 종교의 대답: 마음의 욕심에서부터 고통이 비롯된다.

- 마음을 비우면 고통이 줄어든다.

- 누가 자신의 욕심을 다 버릴 수 있을까? 과연 전혀 욕심을 부리지 않는 것이 가능할까?

- 윤회를 믿는 것에 내 인생을 걸 것인가? 윤회가 없다고 생각하는 것이 좋을 것인가?

- 마음을 비우는 게 좋은 것일까? 과연 그게 바람직한 것일까?

- 이 세상이라는 종교의 대답: 채우고 또 채우면 고통은 줄어들 것이다.

- 종교에는 비움의 종교도 있지만 채움의 종교도 있다.

- 채울 수만 있다면 채운만큼 고통은 줄어들 것이다.

- 과연 밑 빠진 독과 같은 우리 마음의 허전함을 무엇으로 채울 수 있을까?

- 채우려고 노력할수록 더욱 궁핍해지는 아이러니

- 비워도 안 되고 채워도 안 되는 이유

- 괜찮아 보이는 내 모습 속에 감추어져 있는 악한 본성

- 하나님께서 우리를 사랑하셨기에 하신 일

2강. 하늘 아버지   77

- 하나님은 존재하는가? 냉장고 안에 절여져 있는 고등어로부터 배울 수 있는 교훈

- 하나님을 알려면 하나님의 말씀을 살펴보아야 한다. 엉뚱한 소리에 귀를 기울일 것이 아니라

- 하나님을 오해하게 만드는 잘못된 정보를 피해야

- 능력은 있지만 사랑이 없는 신은 우리를 착취한다.

- 우리의 부모님처럼 우리를 사랑하시는 하나님

- 그런데 왜 하나님은 내 기도에 응답하지 않으시는가?

- 하나님의 응답이 없더라도 하나님을 전적으로 신뢰해야

- 하나님의 사전에 불가능은 없다.

- 여기에도 계시고 동시에 저기에도 계신 하나님

- 전능하신 하나님이시면서 동시에 사랑이 많으신 하나님

- 엉망진창인 이 세상을 하나님은 왜 그냥 방치하고 계신 것일까?

- 전능하신 하나님에 대한 합당한 자세는 예배이다.

- 일상에서 하나님을 인정하고 하나님의 뜻대로 순종하며 사는 것은 하나님 앞에 드려지는 참된 예배

- 하나님께 예배하는 것은 굴욕적이고 수치스러운 태도가 아닌가?

3강. 영적인 병원

- 정말 내가 노력해서 천국에 갈 수 있는 것이 아니라, 예수님을 믿기만 하면 구원을 얻을 수 있다고?

- 자랑할 것이 없다.

- 구원은 천국 입장권을 확보한 것인가?

- 구원은 주님과의 사랑의 관계 속으로 들어가는 것

- 교회는 영적인 성숙을 향해 함께 길을 걸어가는 사람들의 모임

- 교회라고 하는 병원에서는 영적인 치유가 일어나야 하고 일어나고 있다.

- 다른 사람의 영적인 회복을 도우면서 나도 영적인 회복을 경험한다.

- 형제를 돕는 방법

- 교회의 구성원이 되는 것은 영적인 훈련을 받기 위해 입소하는 것과 같다.

- 교회는 훈련을 받기로 결단한 사람들의 모임

- 교회에서 만나게 되는 뜻밖의 사람들

- 교회 안에서 홀로 외롭게 있지 말고 적극적으로 참여해야

- 성경을 배우는 일에 힘써야

- 내가 가진 은사를 활용하여 다른 사람들을 온전하게 하는 일에 참여해야

- 복음의 기쁜 소식을 다른 사람들에게도 알려주어야

- 내 안에 있는 이중적인 욕구

- 성령님은 누구이신가? 삼위일체가 도대체 뭐지?

- 성령님께서 하시는 일

- 성령님의 음성인지 어떻게 알 수 있을까?

- 신비한 방식이 아니라 하나님의 말씀을 생각나게 하시는 방법으로

- 하나님의 선하시고 온전하신 뜻이 무엇인지 분별해야

- 성경을 묵상할 때 하나님의 뜻을 발견할 수 있다.

- 손 없는 이사 날짜를 알 수 있을까? 천생연분 배필을 찾아주실까?

- 내가 드린 배우자를 위한 기도는 어디서 무엇이 잘못된 것일까?

- 기도는 요술 방망이가 아니다.

- 이 세상에 완벽하게 갖추어진 좋은 배우자는 없다.

5강. 하나님의 나라와 마지막 때   173

- 나는 내일도 살아 있을까?

- 마지막이 다가오기 전에 준비해야 할 것은?

- 천국은 지겨운 곳일까? 도대체 거기서 뭘 하지?

- 천국에서도 서열과 차등이 있을까?

- 하나님을 찬양하는 천국

- 짐승의 표 666과 베리칩

- 14만 4천명만이 천국에 들어갈 수 있는가?

- 휴거가 일어나면 어떻게 하지?

- 7년 대환란이 다가오면 어떻게 하지?

나의 신앙고백   199

에필로그   205

머리말
prologue

이 책에 대하여

❏ 머리말

신앙생활은 그저 열심히 하기만 하면 되는 것일까? 지금 내가 가는 그 길이 옳은지 그른지 따져보지도 않고?

어떤 사람이 예루살렘을 향해서 길을 가고 있었습니다. 길을 가다가 지나가는 마차를 만나게 되었습니다. 그 사람은 마부에게 마차를 좀 태워달라고 부탁했고, 마부는 친절하게도 태워주었습니다. 그 사람이 마부에게 물었습니다. "여기서부터 예루살렘은 얼마나 떨어져 있습니까?" 마부는 한 시간 정도 거리라고 대답했습니다. 그 사람은 이제 한 시간 정도만 가면 예루살렘에 갈 수 있을 것이라 생각하면서 가는 도중에 잠이 들었습니다. 얼마간 잠을 자다가 깬 그 사람은 이제 예루살렘에 거의 다 왔을 것이라고 생각하고 다시 마부에게 물었습니다. "이제는 여기서부터 예루살렘까지 얼마나 걸립니까?" 그러자 마부가 대답했습니다. "두 시간 정도 걸릴 겁니다." 그러자 깜짝 놀라서 물었습니다. "아니, 아까는 한 시간 정도 걸릴 거라고 하지 않았습니까?" 그러자 마부가 대답했다고 합니다. "맞아요. 이 마차는 여리고로 가는 마차입니다. 예루살렘을 떠난 지 두 시간 정도 됩니다." 문제는 속도가 아니라 방향입니다. 잘못된 방향으로 간다면 더 빨리 갈수록 문제입니다.

해외여행을 하려는 사람이 있습니다. 해외여행을 하기 위해서 충분한 돈을 모았습니다. 그리고 명망이 있는 여행사의 해외여행 프로그램을 구입하였습니다. 이제 한 달 뒤에는 여행을 떠나게 됩니다. 여행사에 돈을 주고 계약을 맺었으니, 그냥 가만히 있다가 여행 당일 공항에 나타나기만 하면 될까요?

그렇지 않습니다. 해외여행을 하기 위해서는 이 외에도 사전에 준비해야 할 일들이 많이 있습니다. 날씨가 어떠한지 미리 확인하고 날씨에 맞는 옷을 준비해야 합니다. 혹시 예방접종이 필요하다면 병원에 가서 미리미리 예방접종을 마쳐야 합니다. 물론 여권은 준비되어 있어야 하고, 비자가 필요한 나라의 비자는 여행사를 통해서 사전

에 받아두어야 합니다. 그렇지 않으면 해외여행을 제대로
할 수 없습니다.

창업을 하려는 사람이 있습니다. 창업에 필요한 충분한
자금을 모았습니다. 그러면 그냥 창업을 하기만 하면 될
까요? 그렇지 않습니다. 자신이 모은 돈을 그냥 날려버리
지 않기 위해서, 사전에 많은 조사가 필요합니다. 과연
성공할만한 아이템인지 아닌지, 이 아이템에 맞는 적절한
장소인지, 이 예산을 가지고 충분히 사업을 운영할만한
여력이 되는지 등등 따져보아야 할 것이 한두 가지가 아
닙니다.

그런데 우리는 신앙생활을 하면서 별다른 생각이 없이
신앙생활을 시작할 때가 있습니다. 사실 신앙생활은 자신
의 모든 인생을 거는 것과도 같은 것입니다. 어떤 종교를
가질지, 어느 교회에서 신앙생활을 해야 할지, 그리고 정
반대로 아예 신앙생활을 하지 않을지, 이 모든 것은 우리
들의 삶을 아주 크게 좌우할 문제인데도 대수롭지 않게
생각하고 결정할 때가 많이 있습니다.

과연 그렇게 해도 괜찮을까요? 한번 밖에 없는 인생인
데? 어디로 가는지도 모르고 마차에 올라타고선, 마차가
빨리 간다고 좋아할 것이 아닙니다. 빨리 가면 갈수록 돌
아가기 어렵기 때문입니다.

집에서 가기 가장 편리한 교회가 가장 좋은 교회일까? 교회를 선택할 때 가장 중요한 기준은 무엇일까? 아니 우리가 믿을 종교를 선택할 때 그 기준은 무엇일까?

어떤 사람은 교회를 결정할 때, 그 교회가 집에서부터 가깝다는 이유로 선택합니다. 그 교회에 넓은 주차장이 있다는 이유로, 그 교회의 목사님의 인상이 좋다는 이유로 선택할 때도 있습니다. 대학교를 갈 때에는 아무리 먼 곳에 있다 할지라도 더 좋은 대학을 선택하기도 하고, 식당에 갈 때에는 아무리 허름한 곳에 위치해 있더라도 음식의 맛 때문에 찾아가기도 하면서, 유독 교회를 선택할 때만큼은 별로 중요하지 않는 것들이 선택의 이유가 될 때가 많이 있습니다. 사실 우리의 삶을 좌우하는 아주 중요한 문제인데도 말입니다.

종교를 선택할 때에도 크게 따지지 않고 종교를 선택하기도 합니다. 불교를 믿든 천주교를 믿든 이슬람교를 믿든 기독교를 믿든 그냥 믿기만 하면 되는 것이 아닐까 막연히 생각하면서 말입니다. 그저 대대로 내가 불교 집안에서 자랐기 때문에 불교를 선택하기도 하고, 느낌이 좋다는 이유로 다른 종교를 선택하기도 합니다. 그런데 그렇게 별로 중요하지 않은 이유로 종교를 선택해도 괜찮은 것일까요?

이러한 선택은 그저 편리하게 갈 수 있다는 이유로 예루살렘에 가는지 여리고로 가는지 목적지도 확인하지 않고 마차에 오르는 것과 비슷할 것입니다. 마차를 잘못 올라타는 것은 그나마 다행입니다. 다시 내려서 다른 마차를 탈 수 있기 때문입니다. 하지만 한번뿐인 우리 인생은 그렇게 허비할 시간이 별로 없습니다. 우리가 잘못된 선택을 한 결과는 너무나도 치명적인 것이 될 것입니다.

이 책은 신앙생활에 대하여 후회하지 않을 바른 선택을 할 수 있도록 도움을 주려는 책입니다. 성경적인 기독교 신앙이 무엇인지 가장 기초적인 것들을 설명해주는 책입니다. 이제 막 신앙에 첫 걸음을 들여놓는 사람에게나 오랫동안 신앙생활을 해왔던 사람들에게나 이 책은 바른 신앙생활이 무엇인지에 대한 기본적인 안내를 해줄 것입니다.

비움의 방법과 채움의 방법
way of vacating and way of filling

제1강

❏ 마음 열기

1. 기독교, 불교, 이슬람교 등등 이 세상에 많은 종교가 있는데, 예수님만 믿어야 구원을 얻을 수 있을까요? 아니면 다른 종교를 믿어도 괜찮을까요? 이에 대해서 어떤 생각을 가지고 있는지 이야기해 봅시다.

2. 모든 것이 마음에서 비롯된다는 일체유심조(一切唯心造)에 대해서 들어보셨습니까? 이에 대해서 어떻게 생각하십니까?

3. 부족함에서 오는 불편함과 고통을 느껴보신 적이 있습니까?

4. 부족함을 해결하는 방법에는 어떤 것들이 있을까요?
   그리고 그 부족함을 해결하는 것을 가로막는 장애물은
   어떤 것들이 있을까요?

❏ 비움의 방법과 채움의 방법

어느 종교나 열심히 믿기만 하면 되는 것 아닐까? 왜 예수님을 믿어야만 한다고 하는가? 그건 독선적인 주장이 아닐까?

이 세상에는 수많은 종교가 있습니다. 불교, 이슬람교, 힌두교를 비롯하여 다양한 종교가 있습니다. 이렇게 다양한 종교가 있고 각각의 종교가 추구하는 신(神)은 각각 부처, 알라, 하나님 등 여러 가지 이름으로 불리지만, 사실은 같은 신을 다르게 부르는 것뿐이며, 어느 종교를 믿든지 결국에는 한 하나님으로 가는 길일 것이라고 주장하는 사람들이 있습니다. 모로 가도 서울만 가면 되듯이, 불교를 믿든 기독교를 믿든 이슬람교를 믿든 또는 어떤 종교를 믿든 천국에만 가면 된다고 주장합니다. 이러한 견해를 가리켜 흔히 "종교다원주의"(religious pluralism)라고 부릅니다.

종교다원주의 입장에서는 모든 종교가 똑같고, 어떤 종교를 믿게 되든지 결국 모두 구원(해탈, 신의 경지, 천국, 낙원, 득도)에 이르게 될 것이라고 생각합니다. 마치 설악산 정상으로 올라가는 길이 하나만 있는 것이 아니라, 울산바위를 지나 올라갈 수도 있고, 오색약수터 쪽으로 올라갈 수도 있고, 또 다른 길로 올라가더라도 마지막에는 모두 대청봉 정상에서 만나게 되듯이, 이런 종교를 선택하든 저런 종교를 선택하든 결국 마지막에는 같은 신에게 갈 수 있다고 생각하는 것입니다. 하지만 정말 그럴까요? 정말 아무 종교나 믿어도 괜찮은 것일까요?

성경은 그렇지 않다고 가르칩니다. 아무 종교나 믿어도 되는 것이 아니라, 하나님에게로 갈 수 있는 길은 오직 예수님뿐이라고 가르칩니다.

> 이 예수는 너희 건축자들의 버린 돌로서 집 모퉁이의 머릿돌이 되었느니라. 다른 이로써는 구원을 받을 수 없나니 천하 사람 중에 구원을 받을 만한 다른 이름을 우리에게 주신 일이 없음이라 하였더라. (사도행전 4:11-12)

예수께서 이르시되 내가 곧 길이요 진리요 생명이니 나로 말미암지 않고는 아버지께로 올 자가 없느니라. (요한복음 14:6)

성경은 우리에게 다른 종교를 믿게 되면, 즉 다른 신을 섬기게 되면 결국 망하게 될 것이라고 가르칩니다. 아무 종교나 믿어도 괜찮다고 하지 않습니다.

만일 너희나 너희의 자손이 아주 돌아서서 나를 따르지 아니하며 내가 너희 앞에 둔 나의 계명과 법도를 지키지 아니하고 가서 다른 신을 섬겨 그것을 경배하면, 내가 이스라엘을 내가 그들에게 준 땅에서 끊어 버릴 것이요. 내 이름을 위하여 내가 거룩하게 구별한 이 성전이라도 내 앞에서 던져버리리니 이스라엘은 모든 민족 가운데에서 속담거리와 이야기거리가 될 것이며, 이 성전이 높을지라도 지나가는 자마다 놀라며 비웃어 이르되 여호와께서 무슨 까닭으로 이 땅과 이 성전에 이같이 행하셨는고 하면 대답하기를 그들이 그들의 조상들을 애굽 땅에서 인도하여 내신 그들의 하나님 여호와를 버리고 다른 신을 따라가서 그를 경배하여 섬기므로 여호와께서 이 모든 재앙을 그들에게 내리심이라 하리라 하셨더라. (열왕기상 9:6-9)

> 너희도 정녕 이것을 알거니와 음행하는 자나 더러운 자나 탐하는 자 곧 우상 숭배자는 다 그리스도와 하나님의 나라에서 기업을 얻지 못하리니 (에베소서 5:5)

설악산으로 올라갈 수 있는 길은 여러 개가 있습니다. 그래서 오색 길로 설악산에 올라갈 수도 있고, 울산바위 쪽으로 해서 설악산에 올라갈 수도 있습니다. 그래서 우리는 신앙생활을 하면서 전주에 있는 교회를 다니면서 신앙생활을 해도 되고, 서울에 있는 교회를 다니면서 신앙생활을 해도 됩니다. 만일 그런 교회가 성경적인 교회라면 말입니다. (교회라는 간판을 가지고 있으나 사실은 잘못된 집단들이 있다는 사실을 기억해야 합니다. 반짝이는 것이 모두 금이 아닌 것처럼 말입니다.)

하지만 모악산 자락에서 산을 타기 시작하면 결국 모악산 정상으로는 올라갈 수 있겠지만, 설악산 정상으로는 결코 갈 수 없습니다. 이와 마찬가지로 올바른 종교만이 하나님에게로 갈 수 있는 것이지, 잘못된 종교에 빠지면 결코 하나님에게로 갈 수 없습니다.

따라서 우리는 등산하기 전에 과연 이 길이 설악산으로 안내할 수 있는 길인지, 아니면 모악산으로 인도하는 길인지 먼저 따져보아야 합니다. 일단 등산을 시작해서 우리의 인생 전부를 거기에 쏟아부어버린 후에, "아, 여기가 아닌가벼" 하며 후회하면 안 될 것이기 때문입니다. 등산이야 다음에 다른 산을 등정할 기회가 다시 주어질 수 있지만, 우리의 인생은 단 한번뿐이기 때문입니다.

왜 다른 종교를 믿어서는 안 되고, 예수님만을 믿어야 합니까? 그 이유는 다른 종교를 통해서는 결국 모악산 정상까지만 갈 수 있기 때문입니다. 설악산 정상으로 올라가려면 설악산 정상으로 인도하는 등산로를 선택해야 하듯이 참되신 하나님에게로 가기 위해서는 길이요 진리요 생명이 되신 예수님의 길을 선택해야만 합니다.

다른 산 밑에서 등산로를 선택하면 다른 정상에 다다를 수밖에 없다는 사실은 모두 인정할 것입니다. 하지만 사람들은 이렇게 물을 것입니다. 예수님을 통한 길이 진짜 참되신 하나님에게로 인도하는 길인지 어떻게 알 수 있느냐고 말입니다. 정반대의 경우는 생각해볼 수 없느냐고 말입니다. 즉 예수님을 통해서가 아니라 마호메트를 통해서 가는 길이 참된 정상에 올라갈 수 있는 가능성은 없는가 하고 질문할 것입니다. 아직 그 누구도 정상에 올라가본 적이 없는데, 오직 예수님만이 참된 길이라는 것을 어떻게 알 수 있느냐고 질문할 것입니다. 이 문제에 대해서 이 책은 대답할 것입니다. 왜 다른 길이 아니라 예수님만이 참되신 길인지 설명할 것입니다.

하나님이 계시는 것에 내 인생을 걸 것인가? 하나님이 계시지 않다는 것에 내 인생을 걸 것인가?

어느 종교를 믿어야 하는가 즉 어느 길이 참된 구원의 길인가를 다루기 전에, 그보다도 더 근원적인 질문을 던져보고 싶습니다. 과연 신앙을 갖는 것이 좋을까요? 신앙을 갖지 않는 것이 좋을까요?

그 누구도 죽어보기 전에는 자신이 믿는 바가 옳았는지 잘못되었는지 알 수 없습니다. 그래서 프랑스의 철학자이자 수학자인 파스칼(Blaise Pascal, 1623-62)은 이렇게 이야기했습니다. "우리의 단 하나뿐인 인생을 어디에 걸 것인가? 우리는 미래에 대해서 알지 못하는 상태에서 우리의 인생을 걸어야 하기 때문에 이것은 일종의 도박과 같다. 과연 우리의 인생을 어디에 베팅할 것인가? 하나님이 계시고 천국과 지옥이 있다는 것에 우리의 인생을 걸 것인가? 아니면 하나님이 계시지 않고 천국과 지옥도 없다는 것에 우리의 인생을 걸 것인가?" 그러면서 파스칼은 각각의 경우에 대한 결과를 다음과 같이 생각했습니다.

"만일 하나님이 계시고 천국과 지옥이 있다는 것에 우리의 인생을 걸었는데, 실제로 하나님이 계시지 않고 천국과 지옥도 없을 경우는 어떻게 되는가? 그러면 아무것도 아니다. 손해를 볼 것도 없고, 이익을 볼 것도 없다. 죽음 이후에 아무것도 없으니, 손해도 이익도 없을 것이다. 그런데 만일 하나님이 계시고 천국과 지옥이 있다는 것에 우리의 인생을 걸었는데, 실제로 하나님이 계시고 천국과 지옥이 있다면, 정말 좋을 것이다. 죽음 이후에 새로운 삶이 있는 것인데, 정말 영원한 삶을 하나님과 함께 천국에서 무한한 기쁨 속에서 지내게 될 것이기 때문이다. 결론적으로 하나님이 계시고 천국과 지옥이 있다는 것에 우리의 인생을 걸게 된다면, 정말 좋은 결과를 가져올 확률이 적어도 반절은 되고, 유야무야될 확률이 반절이 될 것이다."

우리의 선택은?	실제로 하나님, 천국, 지옥이 없을 경우	실제로 하나님, 천국, 지옥이 있을 경우
내 인생을 하나님, 천국, 지옥이 없다는 데 걸었는데	유야무야 (죽음 뒤에 아무것도 없으니, 손해 볼 것도 이익 볼 것도 없다)	재앙 (단 하나뿐인 인생을 낭비한 것)
내 인생을 하나님, 천국, 지옥이 있다는 데 걸었는데		대박 (단 하나뿐인 인생을 제대로 된 신앙에 건 것)

"정반대로 만일 하나님이 계시지 않고 천국과 지옥이 없다는 것에 우리의 인생을 걸었는데, 실제로 하나님이 계시지도 않고 천국과 지옥도 없다면, 역시 아무것도 아니다. 손해를 볼 것도 없고 이익을 볼 것도 없다. 죽음 이후에 정말 아무것도 없으니 말이다. 그런데 만의 하나, 실제로 죽어보았는데 하나님이 정말 계시고 천국과 지옥도 정말 사실이라면, 그러면 정말 큰 문제가 아닐 수 없다. 결국 그 사람은 영원한 지옥에서 고통스러울 것이기 때문이다. 결론적으로 하나님이 계시지 않고 천국과 지옥이 없다는 것에 우리의 인생을 건다면, 유야무야될 확률이 반절인 반면, 정말 나쁜 결과를 가져올 확률이 반절이

될 것이다." 그러면서 파스칼은 물었습니다. "우리의 인생을 어느 쪽에 거는 것이 훨씬 더 유리할 것인가?"

왜 인생은 고통의 연속일까? 이 고통에서 벗어나는 방법은 무엇일까?

인생은 고통의 연속입니다. 모든 인생은 고통의 문제를 가지고 살아갑니다. 이 말에 동의하십니까? 사실 고통의 문제가 없는 사람은 없습니다. 심지어 모든 것을 다 가지고 있는 부자들이라 할지라도 나름대로의 고통이 있습니다.

삼성의 창업자였던 고 이병철 회장이 던졌다고 하는 24개의 질문 가운데, 이런 질문이 있습니다. "한번 태어난 인생, 왜 이렇게 아프고 힘들고 고통스러워야 하나?"라는 질문입니다.* 이러한 질문은 참으로 놀랍습니다. 우리나라 최고의 부자였던 사람이 그런 질문을 던졌기 때문입니다. 아무리 부자라 할지라도 고통 속에서 인생을 살아갈 수밖에 없다는 것을 단적으로 보여주는 것 같습

* 차동엽, 『잊혀진 질문』(명진출판사, 2012).

니다. 왜 우리의 인생은 고통 속에서 살아가야 할까요?

종교의 대답: 마음의 욕심에서부터 고통이 비롯된다.

고통의 문제에 대하여 대부분의 종교는 그 원인이 마음에 있다고 진단합니다. 모든 문제가 마음에서부터 시작한다는 것입니다. 우리의 마음에 욕심과 집착이 있기 때문에 고통이 생기는 것이고, 만일 그 욕심과 집착을 내려놓는다면 고통이 줄어들 것이라고 대답합니다.

이러한 견해에 의하면 고통이란 우리의 "현실"과 우리의 "탐욕" 사이의 차이(gap)에서 오는 것이고, 그 차이의 크기가 곧 고통의 크기입니다. 마치 커다란 위장에 비어 있는 공간이 있으면 허기를 느낄 수밖에 없는 것처럼, 우

리의 탐욕의 위장이 너무나도 커서 빈 공간이 있으면 고통스러운 것이라는 진단입니다. 따라서 고통을 줄이기 위해서는 우리의 탐욕의 위장을 절개해서라도 줄이고 줄이면, 즉 우리의 마음을 비우고 또 비우면 고통이 사라질 것이라는 생각입니다. 이러한 생각에 동의하십니까?

이러한 주장을 하는 대표적인 케이스가 불교입니다. 화엄경에 보면, 일체유심조(一切唯心造)라는 말이 나옵니다. 가장 쉽고 간단하게 이 말을 풀이하면, 세상사 모든 일이 마음먹기에 달려 있다는 뜻입니다.

해골바가지로 빗물을 마셨다는 원효대사의 이야기는 유명합니다. 어느 날 원효대사가 당나라에 유학을 가기 위해서 길을 떠났다가 날이 저물어 어느 동굴에서 잠을 청하게 되었습니다. 그런데 잠을 자다가 목이 말라 주변을 더듬어보니 어느 바가지에 물이 있어서 마시게 되었습니다. 정말 목이 말랐었는데, 물 한 잔을 마시니 정말 시원했습니다. 그래서 잠을 다시 청하게 되었습니다. 그런데 그 다음 날 아침에 일어나보니, 자신이 어젯밤에 마셨던 그 바가지는 사실 해골바가지였습니다. 그걸 보는 순간 속이 울렁거리고 구역질이 나는 것을 체험하게 되었습니다. 똑같은 물인데 내가 어떻게 생각하느냐에 따라 생수처럼 느껴지기도 하고 구역질이 나는 물이 되는 것을 체험한 후에, 원효대사는 이 세상 모든 것은 사물에 원인이 있는 것이 아니라 마음에 원인이 있는 것이라고 깨닫게 되었다고 합니다.

그래서 불교에서는, 그리고 많은 종교에서는 마음을 수련하는 것을 최고의 목적으로 삼습니다. 마음을 수련할 수만 있다면, 문제가 해결될 수 있고, 인간이 늘 당하는 고통의 문제도 해결될 수 있을 것이라고 생각하기 때문입니다. 우리의 문제는 마음을 잘 다스리지 못하는 것에 있는 것인데, 우리가 마음을 잘 다스릴 수 있다면 모든 고통이 사라질 것이고, 결국 해탈(득도, 열반)의 경지에까지 올라갈 수 있다고 생각합니다.

그래서 불교의 입장에서는 굳이 어느 종교를 믿는 것이 중요하지 않습니다. 기독교를 믿든, 이슬람교를 믿든, 힌두교를 믿든, 각각의 종교의 창시자이며 대 스승이 되는 분의 가르침에 따라서 자신들의 마음을 비우고 또 비우고 또 비우다보면, 결국에는 마음을 잘 수련하여 해탈(득도, 구원)의 경지에 다 같이 도달할 수 있다고 생각하기 때문입니다.

크리스천은 예수님이라는 선생님이 가르치신 가르침을 잘 따르면서 마음을 잘 수련하면, 결국 마음을 비워서 천국에 가게 될 것이고, 회교도는 마호메트라는 선생님이 가르쳐주신 방법대로 잘 따르면서 마음의 수련을 하면 결국 천국에 가게 될 것이라 생각하기 때문에, 그 길이 부처가 가르쳐준 길과 크게 다르지 않다고 생각하는 것입니다. 같은 산을 올라가는 다른 방법일 뿐이라고 생각하는 것입니다.

마음을 비우면 고통이 줄어든다.

이러한 마음 수련은 상당한 매력이 있습니다. 실제로 우리가 마음을 비우면 고통이 줄어드는 것을 알 수 있습니다. 일례로 우리 아이에게 집착하고 대학교에 입학할 성적에 집착하면, 행복하기 보다는 오히려 고통스러워집니다. 아이들은 입시지옥에서 살아가게 되는 것이고, 가정의 평화는 깨어지기 쉽습니다. 그런데 그런 욕심과 집착을 내려놓으면 마음이 편해집니다. 굳이 유명 대학에 가지 않겠다고 마음을 내려놓으면 마음이 편해집니다. 아이들에게 고통을 강요하지 않게 되고 가정이 다시 행복해지는 것을 경험하게 됩니다. 사실 우리들의 대부분의 문제의 원인이 우리들의 과도한 욕심과 집착에 있다고 해도 틀린 말이 아닙니다.

사실 우리들의 욕심은 우상(idol)이라고 할 수 있는데,* 그런 우상을 추구하는 삶이 고통스러울 것이라는 것은 성경에서도 가르치고 있는 내용입니다. 헛된 우상을 섬기는 사람들은 자신들이 원하는 것을 얻게 되는 것이 아니라, 오히려 수치를 당할 뿐입니다.

> 조각한 신상을 섬기며 허무한 것으로 자랑하는 자는 다 수치를 당할 것이라. 너희 신들아 여호와께 경배할지어다. (시편 97:7)

과거의 사람들이 우상을 만들어 놓고 그 우상을 섬겼던 이유는 그런 우상들이 자신들에게 풍요를 가져다주고 행복을 가져다 줄 것이라고 믿었기 때문입니다. 오늘날에는 그런 우상들을 섬기는 것 같지는 않지만, 사실은 탐욕이라는 이름의 우상을 섬기고 있는 셈입니다. 우리가 탐욕을 부리면 부릴수록, 갈망하면 갈망할수록 만족을 누리게 되는 것이 아니라, 오히려 더욱 고통스러워집니다. 그것들만 얻으면 행복해질 것이라 생각하는데, 사실은 그런 욕심이 우리를 더욱 고통스럽게 하는 것입니다. 따라서 우리들의 마음에서 그러한 욕심과 집착을 내려놓는 것은 아주 유익합니다. 욕심을 더 많이 내려놓을수록 우리는

---

* 팀 켈러, 『팀 켈러의 내가 만든 신』 (두란노, 2017), 20-26.

평안함을 누리게 될 것입니다. 그런 의미에서 욕심을 비우고 마음을 비우는 것은 도움이 될 것입니다.

누가 자신의 욕심을 다 버릴 수 있을까? 과연 전혀 욕심을 부리지 않는 것이 가능할까?

하지만 마음 수련의 방법, 다시 말하면 자신의 마음에서 욕심과 집착을 비우는 방법이 가지고 있는 치명적인 약점이 있습니다. 가장 큰 문제는 우리 가운데 그 누구도 완전히 자신의 마음을 비울 수 있는 사람은 단 한 사람도 없다는 것입니다.

물론 마음을 비우는 수련을 하면 그렇게 수련을 하지 않은 다른 사람들보다는 좀 더 고상하게 될 수는 있습니다. 이 세상의 욕심과 집착을 비우지 못하고 살아가는 중생(衆生)들보다 산속에서 수련을 하면서 도를 닦는 스님들이 훨씬 더 고상할 수 있습니다. 세속에 발을 붙이고 사는 일반인들보다 수도원에 들어가서 수련을 하는 수도사들이나 수녀들이 훨씬 더 고상할 수 있습니다.

하지만 그 누구도 완벽하게 자신을 비울 수는 없다는데 문제가 있습니다. 지금 이 글을 쓰고 있는 시점에,

TV 뉴스에서 천주교 신부들의 성추행 문제가 고발되고 있습니다. 하느님 앞에서 독신주의를 선택했던 그 신부들의 문제는 우리 인간의 근본적인 문제를 그대로 드러내줍니다. 비우고 또 비워도 완전히 비울 수 없는 그런 문제 말입니다.

아무리 비우려고 노력해도 우리들의 마음에는 욕심이 있고 집착이 있을 수밖에 없습니다. 우리가 육신을 가지고 있는 한, 그리고 우리가 마음이라는 것을 가지고 있는 한, 우리는 결코 우리의 마음을 비울 수 없습니다.

돈에 대한 집착을 내려놓게 되면 이제는 집착이 완전히 없어지는 것이 아니라, 또 다른 것에 집착을 하고 있는 자신을 발견하게 될 것입니다. 심지어 마음의 수련이라고 하는 것 자체도 집착의 대상이 될 수도 있습니다. 우리의 마음에서 어떤 것에 대한 욕심과 집착을 버리면, 완전히 우리의 마음이 비워지는 것이 아니라, 다른 종류의 욕심이 들어와 자리를 차지하게 되는 것을 발견하게 될 것입니다. 예수님은 그런 상태를 일곱 귀신의 비유로 들려주었습니다.

더러운 귀신이 사람에게서 나갔을 때에 물 없는 곳으로 다니며 쉬기를 구하되 얻지 못하고 이에 이르되 내가 나온 내 집으로 돌아가리라 하고 가서 보니 그 집이 청소되고 수리되었거늘 이에 가서 저보다 더 악한 귀신 일곱을 데리고 들어가서 거하니 그 사람의 나중 형편이 전보다 더 심하게 되느니라. (누가복음 11:24-26)

예수님의 비유에서 귀신이 나간 집은 사람의 마음을 가리킵니다. 사람들은 마음수련을 통해서 자신의 마음에서 귀신을 쫓아내길 원합니다. 여기서 귀신은 욕심과 집착으로 이해할 수 있습니다. 수련을 해서 내 마음에서 욕심과 집착을 내어 쫓은 줄 생각했는데, 알고 보니 다른 욕심과 집착이 더 많이 들어와 있는 자신을 발견하게 될 것입니다. 이게 우리 인생의 문제입니다.

등산하는 사람들이 있습니다. 각자 배낭을 메고 산을 올라갑니다. 어떤 사람은 오색 길로 해서 올라가고, 어떤 사람은 울산바위가 있는 길로 올라갑니다. 그들은 올라갈 수 있는 만큼 올라갈 수 있었습니다. 그런데 그들이 올라가서 만난 지점은 설악산 대청봉 꼭대기뿐입니다. 그것뿐입니다. 그들은 저 하늘로 올라갈 수는 없습니다. 등산객이 설악산 주변의 길을 걸어서 올라갈 수 있는 가장 높은 곳은 대청봉뿐입니다. 그 누구도 하늘에 올라갈 수는 없습니다.

그래서 불교로도 안 되고, 이슬람교로도 안 되고, 힌두교로도 안 되는 것입니다. 그리고 예수님께서 가르쳐주신 방법대로 마음을 훈련하면서 올라가려는 방식을 선택한 기독교로도 불가능한 것입니다. 아무리 마음을 비우고 비우는 훈련을 해도, 마음을 어느 정도 비울 수는 있지만 완벽하게 비울 수는 없습니다. 이것은 우리가 아무리 열심히 등산을 한다 한 들 대청봉과 같은 정상에까지 올라갈 수는 있겠지만 결코 태양이 있는 곳까지 갈 수는 없는 것과 마찬가지입니다.

불교에서 해탈한 사람들이 과연 몇 명이나 될까요? 대부분의 불교도들은 해탈의 경지까지는 올라가지 못합니다. 그건 아예 불가능한 목표입니다. 아주 위대한 스님들의 경우 해탈했다고 말하고, 부처가 되었다고 말하기도 합니다. 그런데 정말 그랬을까요? 정말 마음속에 단 하나의 오점도 없이 해탈한다는 것이 가능할까요?

윤회를 믿는 것에 내 인생을 걸 것인가? 윤회가 없다고 생각하는 것이 좋을 것인가?

불교에서는 윤회(輪回)를 말합니다. 이번 생에서 해탈하지 못한다면 다음 생에 다시 태어나서 해탈할 수 있는 기회가 주어집니다. 물론 윤회가 가능하다는 것에 대한 아무런 근거를 제시하지는 못합니다. 그것은 그저 소망일 뿐입니다. 이번 생에 실패하면, 다음 생에 태어나서라도 잘 되기를 바라는 소망일뿐입니다.

그런데 백번 양보하여 윤회가 가능하다고 하더라도, 겨우 대청봉까지밖에 올라갈 수 없는 인간이 다음 생에 다시 태어난다고 한들, 태양까지 올라갈 수 있을까요?

윤회설을 믿어도 괜찮을까요? 파스칼이 그랬던 것처럼, 우리는 확률을 따져볼 필요가 있습니다. 윤회가 가능하다고 믿었는데, 실제로 죽었더니 다시 태어나는 기회가 주어질 수도 있고, 주어지지 않을 수도 있습니다. 반대로 윤회라는 것은 없으며 이 세상에서 우리가 어떻게 살았는가에 따라서 우리의 운명이 결정된다고 믿었는데, 실제로 죽었더니 윤회라는 것이 있을 수도 있고 없을 수도 있을 것입니다. 각각의 경우의 수를 따져봅시다.

만일 어떤 사람이 윤회가 가능하다고 믿었습니다. 그런데 실제로 죽었더니 윤회가 일어나지 않았습니다. 그러면 그 사람은 안타깝게도 다시 주어지지 않는 하나밖에 없는 인생을 허비한 셈입니다. 그런데 그 사람이 믿었던 것처럼 실제로 윤회가 일어난다면, 다음 생에서 다시 기회가 주어지니 너무 좋을 것입니다. 결국 윤회를 믿으면 낭패를 볼 확률이 반절이 되고, 윤회로 또 다른 삶을 살게 될 확률이 반절이 될 것입니다.

우리의 선택은?	실제로 윤회가 있을 경우 (불교가 옳았을 경우)	실제로 윤회가 없을 경우 (기독교가 옳았을 경우)
불교를 믿고 윤회를 믿는 것에 내 인생을 걸었는데	유야무야 (윤회가 있다면 다음 생에서 다시 새로운 인생을 시도하면 됩니다.)	재앙 (단 하나뿐인 인생을 낭비한 것)
기독교를 믿고 윤회를 믿지 않는 것에 인생을 걸었는데,		대박 (단 하나뿐인 인생을 제대로 된 신앙에 건 것)

반대로 만일 어떤 사람이 윤회가 없다고 믿었다고 합시다. 그런데 그 사람이 죽었더니 윤회가 있었습니다. 그렇다면 그 사람은 다시 기회가 주어질 것입니다. 살아 있

을 때 윤회를 믿지 않았는데도 다시 태어나게 될 것입니다. 그런데 만일 실제로 죽었더니 윤회가 없다면, 그 사람의 선택은 잘 한 선택이 될 것입니다.

불교에서는 마음을 비우라고 이야기를 합니다. 하지만 마음을 비우는 것은 도무지 이룰 수 없는 불가능한 목표입니다. 다른 모든 종교들도 똑같은 주장을 합니다. 이런 방법으로 또는 저런 방법으로 마음을 비우면 고통에서 해방될 것이라고 이야기를 합니다. 약간의 마음을 비우는 것을 통해서 약간의 도움을 얻을 수는 있습니다. 하지만 우리의 현실은 결코 완벽하게 마음을 비울 수 없습니다. 그래서 늘 고통스러울 수밖에 없습니다. 이것이 마음을 비우는 방법이 가지고 있는 치명적인 약점입니다.

마음을 비우는 게 좋은 것일까? 과연 그게 바람직한 것일까?

비움의 방법이 가지고 있는 치명적인 약점이 하나 더 있습니다. 그것은 과연 마음을 비우는 것이 바람직한 것인가 하는 문제입니다.

불교에서는 출가(出家)를 권유합니다. 문자 그대로 가

정을 떠나는 것입니다. 인연을 끊어버리고 오로지 마음을 비우는 훈련을 하다보면, 마음을 비울 수 있을 것이기 때문에 출가를 결심하게 됩니다. 그런데 과연 이렇게 마음을 비우는 것이 바람직한 것일까요?

우리가 고통을 받지 않기 위해서 가족들과의 인연을 끊어버리고 산속에 들어가 면벽수도를 하면서 우리의 마음을 완전히 비워버리는 것이 바람직한 것일까요? 아이들에 대한 집착과 욕심 때문에 고통스러우니까, 아이들과의 연을 끊어버릴까요? 남편 때문에 속을 썩게 되는 것이니까, 그 인연을 끊어버림으로써 고통을 줄이는 것이 옳은 것일까요? 가족들은 어떻게 되든 나는 아무런 상관이 없고, 그저 나는 산 속에서 수련을 하면서 마음의 평화를 추구하는 것이 옳은 일일까요? 보지 않고 마음에서 지워버리면 마음이야 편할지 모르겠지만, 결코 바람직한 것은 아닐 것입니다.

영국의 문필가이며 『나니아 연대기』의 작가인 루이스(C. S. Lewis, 1898-1963)는 이렇게 썼습니다.

사랑하는 것은 상처받는 것이다. 무엇인가를 사랑해 보라. 그러면 당신의 마음은 짓눌릴 것이며, 아마도 부서질 것이다. 만일 당신의 마음이 손상되지 않기를 바란다면, 아무에게도 당신의 마음을 주지 말라. 심

지어 애완동물에게조차도 주지 말라. 취미와 약간의
사치로 꼭꼭 감싸라. 그 어떤 것과 엮이는 것을 피하
라. 당신의 마음을 상자 속에, 즉 이기심의 관(棺) 속
에 안전하게 가두어 두어라. 그러면 그 관에서, 안전
하고 어둡고 움직임도 없고 공기도 없는 그 관에서,
당신의 마음은 변해갈 것이다. 부서지지도 않게 될
것이고, 관통시킬 수도 없게 될 것이고, 뚫을 수도
없게 되고, 전혀 구원받을 수도 없게 될 것이다.[*]

자신이 고통을 받지 않기 위해서 인연을 끊어버리고
마음을 비우는 것은 참으로 이기적인 일이 아닐 수 없습
니다. 놀랍게도 종교의 이름으로 이러한 일을 조장한다는
것이 무섭습니다.

**이 세상이라는 종교의 대답: 채우고 또 채우면 고통은
줄어들 것이다.**

고통이라는 문제를 마음을 비우는 방법으로 해결할 수
없다면, 도대체 어떤 방법으로 우리들의 문제를 해결할
수 있을까요? 사람들은 비움의 방법과는 정 반대의 방법

---

[*] C. S. 루이스, 『네 가지 사랑』 (홍성사, 2005), 207. 번역은
번역서적에서 가져오지 않고, 원문에서 직접 번역한 것임.

으로 채움의 방법을 생각합니다. 어쩌면 대부분의 사람들이 가장 선호하는 방식이 채움의 방법일 것입니다. 채움의 방법은 이 세상이라는 이름의 종교가 널리 가르치고 있는 방법입니다.

채움의 방법은 비움의 방법과는 정반대의 방법이지만, 원리는 같습니다. 즉 우리의 욕망과 실제 사이에 있는 차이(gap)를 줄여보자는 것입니다.

채워지지
못한 "욕망"
- "고통"

채워진
"욕망"

커다란 위장에 비어있는 공간이 있으면 허기를 느낄 수밖에 없는 것처럼, 우리의 욕망의 위장이 너무나도 커서 빈 공간이 있으면 고통스러운 것이라는 진단은 똑같습니다. 다만 고통을 줄이기 위해서는 우리의 욕망의 위장에 무엇인가를 채우고 또 채워서 그 허기짐을 없애자는 것입니다. 채우고 또 채우면 허기가 사라지듯 고통도 사라질 것이라는 생각입니다. 이러한 생각에 동의하십니까?

비움의 방법은 우리의 마음을 비우고 또 비워서 욕망과 집착을 제거해버림으로써 우리의 현실이 따라가지 못하는 것을 해결하려는 것인 반면, 채움의 방법은 우리의 현실을 채우고 또 채워 극대화시킴으로써 우리의 욕망을 만족시키자는 것입니다.

예를 들어, 우리는 돈이 없어서 고통스럽습니다. 그래서 돈을 많이 벌면, 고통이 사라질 것이고 행복해질 것이라고 생각합니다. 우리의 고통을 줄여주고 행복을 줄 것이라고 생각하는 것들에는 다음과 같은 것들이 있습니다. 권력, 명예, 쾌락, 사랑, 인기, 자존심, 성취, 아름다운 얼굴, 날씬한 몸매, 지식, 학력, 등등.

채움의 방법은 비움의 방법보다 훨씬 더 매력적입니다. 비움의 방법에서는 탐욕이라는 마음의 위장을 절개하는 고통의 수련을 해야 하지만, 채움의 방법은 자신의 탐욕의 위장을 채우고 또 채워서 만족스럽게 만드는 것이기 때문입니다. 그래서 이 길을 걷는 사람들이 비움의 길을 걷는 사람들보다 훨씬 더 많습니다.

어떤 사람은 날씬하고 예뻐질 수만 있다면 정말 행복하겠다고 생각합니다. 지금 고통스러운 것은 그렇지 못하기 때문이라고 생각합니다. 그래서 성형수술을 하고 지방 흡입 수술을 해서라도 목표를 달성하려고 합니다. 어떤 사람은 참된 사랑만 얻을 수 있다면, 정말 행복하겠다고 생각합니다. 그래서 결혼이라는 형식적인 틀 속에 갇힌 그런 관계가 아니라, 모든 것을 포기하더라도 진정한 사랑만 얻을 수 있다면 행복할 것이라 생각하고 불륜을 저지르기까지 합니다. 어떤 사람은 술이나 마약을 찾습니다. 술이나 마약을 의존하면, 결국 내가 다 가진 것처럼 착각을 하게 되면서 행복해질 것이라 생각하기 때문입니다. 마음을 비우고 또 비우는 수련을 하려는 소수의 종교인들을 제외하면, 대부분의 사람들은 이러한 것들을 채움의 방법을 통해서 행복을 추구하려는 사람들입니다.

그래서 사람들은 부단한 노력을 합니다. 욕망에 비하여 실제로 채워진 것이 부족하기 때문에 고통스럽다면, 더 많이 채우고 채워서 우리의 욕망만큼 채울 수 있다면 만족스러워질 것이기 때문입니다. 그래서 더 많이 공부하기도 하고, 더 많은 자격증을 따기도 하고, 성공하기 위해서 부단한 노력을 합니다. 어떤 사람은 더 진실한 사랑을 찾기 위해서 헤매기도 합니다. 대부분의 우리들의 노력은 우리들의 욕망만큼 채워보기 위한 몸부림입니다.

서점에 가면 두 가지 부류의 책들이 베스트셀러 목록

에 오릅니다. 첫째 부류의 책은 마음을 비우는 방법을 설파한 책들입니다. 두 번째 부류의 책은 어떻게 하면 성공할 것인가를 가르쳐주는 책들입니다. 이런 두 번째 부류의 책들이 바로 우리들의 탐욕을 채워주는 책들입니다.

종교에는 비움의 종교도 있지만 채움의 종교도 있다.

비움을 위해서 종교가 사용되는 것에 대해서 앞에서 다루었습니다. 그런데 채움을 위해서도 사람들은 종교를 이용합니다. 다 같은 종교라는 이름을 가지고 있지만, 그 양상은 전혀 달라 보입니다. 비움의 종교는 계속해서 마음을 비우고 수련을 할 것을 가르치는 반면, 채움의 종교는 신적인 도움을 통해서 이 세상의 필요들을 채울 수 있을 것이라고 가르칩니다. 이름은 같은 불교지만, 어떤 불교적 가르침은 우리들에게 마음을 비우는 법을 가르치고 설파합니다. 하지만 어떤 불교는 법력을 이용하여 이 세상에서 잘 되는 것을 추구합니다. 이름은 같지만 사실상 다른 길을 걸어가는 것입니다.

기독교도 마찬가지입니다. 어떤 기독교는 위대한 스승이신 예수님을 따라서 자기를 부인하며 살아야 한다고 가르칩니다. 그래서 자신을 비우는 방법을 통해서 예수님처럼 닮아가는 것을 추구합니다. 하지만 또 다른 기독교는 하나님을 믿음으로써 이 세상에서 축복을 받을 수 있으며, 하나님의 명령에 순종할 때 결국 이 세상에서 형통하게 될 것이라고 가르칩니다.

전자는 비움의 방법을 말하는 것이고, 후자는 채움의 방법을 말하는 것입니다. 그래서 사람들은 이런 기독교를 보면서 불교의 길로 가든, 이슬람교의 길로 가든, 기독교의 길로 가든 결국 한 곳에 다다르게 될 것이라고 생각합니다. 기독교와 불교가 채움의 방법 면에서 비슷해 보입니다. 불교의 길로 가도 이 세상에서의 축복을 얻는 길이며, 기독교의 길로 가도 이 세상에서의 축복을 얻게 되는 것이기에, 기독교나 다른 종교나 다 똑같은 것이며 사실상 같은 목적지에서 만나게 될 것이라고 말하는 것입니다.

더 나아가 기독교와 불교가 비움의 방법 면에서 비슷해 보입니다. 불교의 길로 가도 수련을 통해 비울 수 있고, 기독교의 길로 가도 예수님의 자기부인의 방법으로 자신을 비울 수 있는 것처럼 보이기에, 기독교나 다른 종교나 다 똑같은 것이며 사실상 같은 목적지에서 만나게 될 것이라고 말하는 것입니다.

채울 수만 있다면 채운만큼 고통은 줄어들 것이다.

이러한 채움의 방법은 어느 정도 효과가 있습니다. 돈이 없어서 고통스러운 것인데, 돈을 많이 벌면 그만큼 고통이 줄어듭니다. 그래서 억울하면 성공해야 하는 것이고, 성공하면 행복할 것이라고 생각합니다. 우리가 지금 고통을 감수하면서 미래를 위해서 애쓰는 것은 결국 언젠가는 채움을 이룰 수 있을 것이라고 생각하기 때문입니다.

예수님께서는 3일 동안 아무것도 먹지 못한 사람들을 보았을 때 불쌍하게 생각했습니다. 그래서 보리 떡 다섯 개와 물고기 두 마리를 가지고 기적을 만들어내셨습니다. 제자들에게 그 떡과 물고기를 사람들에게 나누어주라고 했더니, 나누어주고 또 나누어주어도 줄어들지 않고 계속해서 채워져서 결국 5천명이 넘는 사람들이 모두 다 먹고도 남을 정도가 되는 일이 있었습니다. 그들은 정말 배고팠는데, 먹을 것을 먹게 되자 그들은 기운을 차릴 수 있게 된 것입니다(요한복음 6장).

만일 이 순간에 모든 고통은 마음에서부터 오는 것이

니, 욕심을 내려놓으라고 한다면 과연 도움이 될까요? 오직 이 순간에 배고픔의 문제를 해결할 수 있는 방법은 실제적으로 먹을 것을 먹는 것입니다. 배가 고프다면 먹어야 해결되는 것이고, 사랑에 굶주린다면 사랑을 받아야 해결되는 것이고, 우리들에게 부족한 것들은 채워야 해결이 될 것입니다. 그러기에 채움의 방법은 어느 정도 효과가 있습니다.

과연 밑 빠진 독과 같은 우리 마음의 허전함을 무엇으로 채울 수 있을까?

채움의 방법이 가지고 있는 치명적인 문제가 있습니다. 그것은 아무리 채우고 또 채워도 결코 우리의 허전한 마음을 완전히 채울 수는 없다는 점입니다. 아무리 채우고도 채워도 시간이 지나면 다시 배가 고프게 될 것이고, 다시 목마르게 될 것입니다. 채움은 약간의 도움이 될 것이고, 잠시 동안의 도움이 될 것이지만, 궁극적으로 우리들의 문제를 해결해주지 못합니다.

솔로몬 왕은 당대 최고의 부귀와 영화를 누렸던 사람입니다. 하지만 솔로몬은 그 모든 부귀와 영화를 경험했지만 그 어느 것도 솔로몬의 허전한 마음을 채울 수는 없었습니다. 그래서 솔로몬은 이렇게 말했습니다.

전도자가 이르되 헛되고 헛되며 헛되고 헛되니 모든 것이 헛되도다. (전도서 1:2)

남편을 다섯 명씩이나 바꿔치운 여인이 있었습니다. 하지만 그 어떤 남자를 만나도 그 여인의 마음을 온전히 채워줄 수는 없었습니다. 오히려 그 여인에게는 갈증이 더 했습니다. 참된 사랑을 꿈꾸며 자신의 허전한 마음을 채워보려고 했지만, 결코 채울 수 없었습니다(요한복음 4장).

미국의 최고의 갑부를 어떤 기자가 인터뷰를 한 적이 있습니다. 그 기자는 그 최고의 갑부에게 물었습니다. "선생님은 미국에서 최고의 갑부이십니다. 선생님이 가지고 있는 재산으로 만족하십니까?" 그러자 그 사람은 자신은 아직 만족할 수 없다고 말했습니다. 그래서 기자가 다시 물었습니다. "그러면 얼마를 더 벌면 만족하시겠습니까?" 그때 그 갑부는 이렇게 대답했다고 합니다. "조금만 더(a little bit more)."

인간은 아무리 최고의 위치에 올라간다 해도 여전히 부족함을 느끼고 갈증을 느낍니다. 그 이유가 무엇일까요? 프랑스의 철학자이며 수학자인 파스칼(Blaise Pascal, 1623-62)은 이렇게 설명했습니다. "그 이유는 우리 인간들은 하나님의 형상으로 지어졌기 때문에, 하나님이 아니면 결코 그 마음을 채울 수 없기 때문이다." 우리는 결코 채우고 또 채워도 결코 채워지지 않습니다. 이게 채움의 방법이 가지고 있는 치명적인 문제입니다.

채우려고 노력할수록 더욱 궁핍해지는 아이러니

채움의 방법이 가지고 있는 더 심각한 문제가 있습니다. 그것은 우리가 채우려고 노력하면 노력할수록 더 큰 고통으로 빠져 들어가게 된다는 것입니다.

카지노는 돈으로 자신을 채워보려고 하는 사람들에게 매력적인 곳입니다. 그곳에서 잭팟을 당기게 되면 순식간에 거부가 될 수 있기 때문입니다. 카지노의 매력은 바로 거기에 있습니다. 우리는 종종 뉴스를 통해서 어느 누가 카지노에서 잭팟을 터트렸다는 소식을 듣습니다. 그리고 우리도 그 잭팟의 꿈을 꾸면서 카지노로 향하게 됩니다. 그런데 문제는 카지노를 통해서 잭팟의 꿈을 꾸면 꿀수록 가산을 탕진하게 된다는 점입니다. 미국에 있는 카지노 주변에는 자신의 재산을 탕진해버리고 폐인이 된 사람들을 많이 볼 수 있습니다. 그런데 사실 우리가 사용하는 모든 채움의 방법은 카지노와 같은 속성을 가지고 있습니다.

돈을 벌기 위해서 우리는 많은 노력을 기울입니다. 돈을 벌어야 우리 가족이 행복해지겠다고 생각하기 때문입니다. 그래서 밤잠을 제대로 자지 못하면서 일을 합니다. 그런데 그 결과는 행복이 아닙니다. 오히려 건강을 잃어버리게 됩니다. 반도체 공장에서 일하면서 백혈병에 걸리기도 합니다. 산업현장에서 일하면서 손가락이 잘려나가고, 몸이 크게 다치기도 합니다. 교통사고를 당하기도 합니다. 더 나아가 가족들과의 행복한 시간을 빼앗겨 버립니다. 자녀들을 위해서 열심히 일하는 것인데, 결국 열심히 일한 결과 자녀들과의 관계가 소원해져버립니다. 돈이 우리를 행복하게 해줄 줄 알고 돈을 추구했는데, 사실은 우리의 인생을 더욱 더 불행하게 만들어버리는 것입니다.

연상호 감독의 『사랑은 단백질』이라는 애니메이션 영화가 있습니다. 하숙생들이 저금통을 깨서 통닭을 시켜 먹는 이야기입니다. 그런데 이 애니메이션에 나오는 통닭집 사장은 닭입니다. 족발집 사장은 돼지입니다. 하숙생들이 통닭을 주문하자 통닭집 사장은 족발집 사장에게 대신 배달해달라고 합니다. 배달된 통닭을 뜯어먹으려고 하는 순간, 통닭집 주인이 헐레벌떡 뛰어와서 하숙생들에게 말을 합니다. "여러분, 지금 여러분이 먹으려고 하는 바로 그 통닭은 사실 제 아들이었습니다. 꿈 많은 아들 8살짜리 닭돌이를 튀겨서 여러분에게 배달한 겁니다. 자신의 꿈도 펼치지 못한 채 사라져 가버린 제 아들을 기억해주시고, 부디 뼈라도 잘 묻어주십시오." 그렇게 해서 만화가 진행됩니다.

처음 이 영화를 보았을 때에는 정말 말도 안 되는 황당한 스토리라고 생각했습니다. 치킨집 사장이 자신의 아들을 튀겨서 팔다니, 말도 안 되는 구성이라고 말입니다. 그런데 언젠가 TV에 출연한 연상호 감독이 이 애니메이션 영화에 대해 말했습니다. 그게 바로 우리들의 인생이라고 말입니다.

그렇습니다. 우리는 열심히 산다고 살았는데, 결국 자기 자식을 희생시킨 것입니다. 결국 자신의 건강을 잃어가면서 돈을 벌어온 것입니다. 목표에 도달하기는커녕 그 목표를 추구하는 과정에서 우리의 가장 소중한 것들을 잃어버립니다. 이것이 우리들이 추구하는 채움의 방법이 가지고 있는 치명적인 한계입니다.

비워도 안 되고 채워도 안 되는 이유

결국 비움의 방법으로도 우리의 문제를 해결할 수 없고, 채움의 방법으로도 우리의 문제를 해결할 수 없습니다. 비움의 종교이든 채움의 종교이든 우리의 문제를 진정으로 해결해줄 수 없습니다. 그래서 우리들에게 다른 방법이 필요합니다.

우리들의 상태는 마치 바다 한 가운데 빠진 사람들과 같습니다. 1912년 4월 10일 타이타닉 호는 영국의 싸우스 햄턴을 출발했습니다. 대서양을 지나 미국의 뉴욕으로 항해하기 위해서였습니다. 출항 당시 승선 인원은 2,224명이었습니다. 당시에 가장 큰 배였고, 바다에서 안전하게 승객들을 운반할 수 있다고 믿었습니다. 그런데 영국을 떠난 지 며칠이 되지 않아 커다란 빙하에 부딪히고 말았습니다. 결국 그 배가 가라앉았는데, 2,224명의 사람들 중에서 1,514명이 사망하고 겨우 710명만이 구조되었습니다.

이때 살아남은 사람들은 어떤 사람들이었을까요? 그들은 수영을 잘 하는 사람들이 아니었습니다. 수영을 잘 하는 사람들은 아마도 다른 사람들보다 조금 더 버틸 수 있었을 것입니다. 하지만 수영을 잘하는 사람이든 잘 하지 못하는 사람이든 결국 바다에서 빠져죽든지 저체온증으로 죽든지 죽을 수밖에 없었습니다. 이때 살아남을 수 있는 방법은 열심히 그때부터라도 수영연습을 시작하는 것이 아니었습니다. 타이타닉 호에서 살아남은 710명은 그런 것과는 아무런 관계가 없습니다. 그들은 구조선이 와서 건져주었기 때문에 살아날 수 있었을 뿐입니다.

이와 마찬가지로 우리의 상태는 절망적입니다. 우리는 고통 속에서 살아가고 있으며 결국 죽음으로 인생을 마치게 될 사람들입니다. 더 나아가 성경에서는 죽음 이후에 심판이 있을 것이라고 가르치고 있는데, 우리들 중에는 그 누구도 그 심판에서 당당하게 무사히 통과할 수 있는 사람은 아무도 없습니다. 마치 바다에 빠져 죽게 된 운명과 같은 것이 우리들 모두의 영적인 실상입니다. 어떤 사람은 다른 사람보다 좀 더 깨끗하고 거룩한 삶을 살 수 있겠지만, 그래보았자 도토리 키 재기에 불과합니다. 그 누구도 완벽한 사람은 없습니다.

모든 사람이 죄를 범하였으매 하나님의 영광에 이르지 못하더니 (롬 3:23)

기록된 바 의인은 없나니 하나도 없으며 깨닫는 자
도 없고 하나님을 찾는 자도 없고 다 치우쳐 함께
무익하게 되고 선을 행하는 자는 없나니 하나도 없
도다. (롬 3:10-12)

누구는 다른 사람보다 좀 더 마음을 비울 수 있을 것
입니다. 누구는 다른 사람보다 좀 더 돈이나 명예나 권력
같은 것으로 자신의 삶을 채울 수 있을 것입니다. 하지만
그 누구도 완벽하게 자신을 비울 수도 없고, 완벽하게 더
이상 아무런 부족한 것이 없이 다 채울 수도 없습니다.
누구는 다른 사람들보다 좀 더 깨끗하게 혹은 더 착하게
살 수 있고, 누구는 다른 사람들보다 좀 더 거룩하게 인
생을 살 수 있습니다. 하지만 그것만으로는 부족합니다.

괜찮아 보이는 내 모습 속에 감추어져 있는 악한 본성

우리는 비움의 방법으로도 고통에서 벗어날 수 없고,
채움의 방법을 통해서도 고통에서 벗어날 수 없습니다.
그 이유는 우리 인간들은 모두 절망적인 상태에 있기 때
문입니다. 마치 바다 한가운데 물속에 빠져버린 사람들처
럼 스스로의 힘으로는 도무지 살아날 가망성이 없는 것

과 같습니다.

자신이 절망적인 상태라는 것을 사람들은 잘 깨닫지 못합니다. 나는 그런대로 괜찮은 사람이라고 생각하기 때문입니다. 적어도 나는 다른 사람들처럼 거짓말을 밥 먹듯이 하지 않았고, 나는 다른 사람들처럼 음란한 인생을 살지도 않았고, 나는 다른 사람들처럼 사기쳐본 적도 없습니다. 뿐만 아니라 나는 종종 불쌍한 사람들을 도울 때도 있었습니다. 그러니까 나는 절망적이지 않은 것처럼 보입니다.

하지만 우리의 모습은 우리가 생각한 것보다 더욱 심각합니다. 그 동안 아프지도 않았기에 나는 괜찮은 줄 알았는데 병원에 가서 진단해보면 암 말기라는 판정을 받는 것과 같습니다. 나는 착한 줄 알았는데, 사실 결코 착한 사람이 아닙니다.

예를 들어 우리들은 누구나 용서하는 것은 아주 멋진 일이라고 생각합니다. 하지만 그런 생각을 하는 것은 실제적으로 내가 용서해야 할 사람이 없을 때뿐입니다. 정작 남을 용서해야 할 상황이 되면 우리는 결코 용서할 수 없습니다. 우리가 수련을 해서 좀 더 높은 차원의 사람이 될 수 있을까요? 어느 정도는 좀 더 고상해질 수는 있지만 하나님의 거룩하신 것 같이 거룩해질 수는 없는 것입니다.

그래서 우리에게는 구원자가 필요합니다. 우리의 절망적인 상황에서 우리를 구원해낼 구세주말입니다. 우리는 마치 바다 한 가운데 빠져 죽을 수밖에 없는 상태와 비슷합니다. 이때 우리에게 필요한 것은 수영연습을 더 하는 것이 아닙니다. 이때 우리에게 필요한 것은 구조선이 와서 우리를 구해주는 것입니다.

하나님께서 우리를 사랑하셨기에 하신 일

하나님께서 우리를 사랑하셨습니다. 그래서 우리가 영원히 고통가운데 죽는 것을 그냥 바라만 보고 계실 수 없었습니다. 강 건너 불구경 하듯이 "거참 안 됐네" 말만하고 계시지 않았습니다. "나는 재난 콘트롤 타워가 아니고, 사람들이 죽어가는 것은 내 책임도 아니다"고 발뺌하지도 않았습니다. 하나님은 우리가 죽는 모습을 그냥 보고만 계시지 않았습니다. 우리를 사랑하셨기 때문입니다.

하나님께서는 우리를 구원하시기로 작정하셨습니다. 하나님께서 우리를 살리시기 위해서 사용하신 방법은 우리로 하여금 수영을 더 잘 배우게 가르치는 것이 아니었습니다. 하나님은 직접 우리가 빠져 죽게 된 곳으로 오셔서 우리를 살리셨습니다. 마치 타이타닉 호를 타고 가다가 바다에 빠진 사람들을 살리기 위해서 구조선이 급하게 달려온 것처럼, 하나님께서는 그 아들 예수님으로 하여금 우리를 살리도록 이 세상에 보내셨습니다. 구조선이 와서 도움을 줄 때, 바다에 빠진 사람이 할 수 있는 일은 손을 내밀어 그 구조의 손길을 붙잡는 것뿐이었습니다. 이와 마찬가지로 예수님께서 우리를 위하여 구원의 손길을 내밀 때, 우리가 예수님을 붙잡으면 됩니다. 그러면 우리가 살 수 있습니다. 예수님께서 우리를 살리기 위하여 내미신 손을 우리가 붙잡는 것을 성경에서는 예수님을 믿는다고 표현합니다.

> 하나님이 세상을 이처럼 사랑하사 독생자를 주셨으니 이는 그를 믿는 자마다 멸망하지 않고 영생을 얻게 하려 하심이라. (요한복음 3:16)

지금도 우리 주변에서는 엉뚱한 이야기를 많이 합니다. 마음을 비우는 훈련을 하라고 권고합니다. 그러면 문제가 해결될 것이라고 말합니다. 우리의 문제는 그렇게 마음을 비우는 것으로 해결되지 않는다는 데 있습니다. 정반대로 사람들은 더욱 많이 성공을 하고 돈을 더 많이 벌면 행복해질 것이라고 가르칩니다. 하지만 그 누구도 그렇게 해서 행복해진 사람을 보지 못했습니다. 오히려 더 고통스러워지는 것만을 보게 됩니다. 그런 가르침들은 마치 바다 속에 빠진 우리들에게 더욱 수영연습을 잘 하라고 말하는 것과 같습니다. 좀 더 수영실력은 좋아질 수 있겠지만, 바다에 빠져 죽어가는 문제를 해결해주지는 못할 겁니다.

우리에게 기쁜 소식은 하나님이 우리를 사랑하셨다는 소식입니다. 그리고 우리를 살리기 위해 독생자 예수님이 우리가 빠진 바다 한가운데로 오셔서 우리를 바닷물 밖으로 밀쳐서 구원선으로 타게 만드셨습니다. 예수님 자신은 그러는 가운데 바다 물에 빠져 죽으신 셈입니다. 우리를 살리기 위해서 말입니다.

예수님은 지금으로부터 2천 년 전에 유대 땅에 오셨습니다. 우리를 살리시기 위해서 십자가 위에서 피를 흘리며 죽으셨습니다. 예수님은 아무 죄가 없는 분이었지만, 십자가에서 죽임을 당하신 것입니다. 그 이유는 예수님의 죽음으로 인하여 우리가 지은 죄를 모두 용서받게 하시기 위한 것입니다. 그래서 누구든지 예수님을 믿으면 구원을 받게 됩니다.

우리가 예수님을 믿어야만 구원을 얻고, 다른 종교로서

는 구원을 얻을 수 없는 이유가 바로 여기에 있습니다. 다른 종교는 모두 우리로 하여금 마음을 비우라고 권고하기만 할 뿐 우리를 실제적으로 구원해주지 못하기 때문입니다. 다른 종교는 우리가 더 많은 물질을 얻도록 도움을 줄 수 있다고 할 뿐인데, 그 물질은 우리들의 문제를 해결해주지 못하기 때문입니다. 예수님은 한가하게 우리들에게 수영하는 방법이나 잘 배우라고 하지 않으셨습니다. 예수님은 우리를 살리기 위해서 물 가운데 뛰어드신 분입니다. 그래서 우리는 그 예수님의 손을 붙잡아야 살아날 수 있는 것입니다.

❏ 생각해볼 문제

1. 모든 것이 마음의 문제라고 하는 말에 대해서 어떻게 생각하십니까? 마음을 고쳐먹는다고 해서 해결되지 않는 것들은 어떤 것들이 있을까요?

2. 비움의 방법의 효과에 대해서 이야기해봅시다. 그리고 그 비움의 방법의 한계가 무엇인지에 대해서 이야기해 봅시다. 실제로 마음을 비우려고 했지만 잘 안 되었던 적이 있었나요?

3. 채움의 방법의 효과에 대해서 이야기해봅시다. 그리고 그 채움의 방법의 한계가 무엇인지에 대해서 이야기해 봅시다. 내가 채우려고 노력하는 것들이 무엇이고, 채우고 채워도 잘 채워지지 않았던 것이 무엇이었나요?

4. 우리 인간들의 상태에 대해서 이야기해 봅시다. 우리
   는 결국 무엇이든지 마음을 먹으면 무엇이든지 할 수
   있는 존재인가요? 아니면 결국 한계에 부딪힐 수밖에
   없는 존재인가요? 예수님, 구원자가 우리에게 필요한
   이유가 무엇입니까?

5. 하나님께서 나를 사랑하신다고 생각해본 적이 있습니
   까? 성경에서 하나님께서 나를 사랑하신다고 하시는
   말씀을 읽을 때, 어떤 느낌이 드셨습니까?

6. 예수님께서 나를 위해 십자가에 못 박혀 죽으셨고, 누
   구든지 예수님을 믿기만 하면 이젠 구원을 받을 수 있
   다는 것을 믿으십니까?

7. 나는 지금까지 신앙을 어떻게 생각해왔으며, 우리가
   배운 것과 어떤 차이가 있다고 생각하는지 이야기해
   봅시다.

하늘 아버지
God as the heavenly father

제2강

❏ 마음 열기

1. 하나님에 대해서 어떻게 생각하고 계십니까? 하나님은 어떤 분이라고 생각하십니까? 평소 생각하던 바를 이야기해 봅시다.

2. 기도를 해보신 적이 있습니까? 기도의 응답을 받은 적이 있습니까? 하나님께서 나의 기도에 응답하지 않는 이유는 무엇이라고 생각하십니까?

3. 하나님이 정말 계시다고 느낀 적이 있다면, 언제 무슨 계기로 그런 느낌을 받게 되었습니까? 하나님이 계시지 않는 것처럼 느껴진 적이 있다면, 언제 무슨 이유에서 그런 느낌을 받았습니까?

❑ 하늘 아버지

하나님은 존재하는가? 냉장고 안에 절여져 있는 고등어로부터 배울 수 있는 교훈

  신앙생활에 있어서 가장 중요한 것 가운데 하나는 "하나님을 바르게 알아가는 것"입니다. 당신은 하나님이 계시다고 생각하십니까? 하나님은 어떤 분이라고 생각하십니까?

  누가 가르쳐 주지 않아도 우리들은 모두 어느 정도 신개념(神槪念)을 가지고 있습니다. 즉 사람은 누구나 하나님이 계시다는 것을 알고 있고, 그리고 그 하나님이 어떠한 분이신가에 대해서 어렴풋이 알고 있습니다. 심지어 자신이 무신론자라고 주장하고 하나님이 없다고 강하게

부정하는 사람이라 할지라도 말입니다.

이렇게 우리가 신개념을 가지고 있는 이유는 우리 인간이 하나님의 형상(the image of God)으로 창조되었기 때문입니다. 마치 새끼가 태어나면 누가 가르쳐주지 않아도 어미의 젖을 찾아 무는 것처럼, 우리 인간은 하나님에 대한 개념을 가지고 있고 하나님을 갈망하며 살아가게 되어 있습니다.

우리가 하나님의 형상으로 창조되었다는 말은 우리가 하나님의 자녀들이라는 뜻입니다. 우리가 하나님의 자녀들이기 때문에 하나님에 대해서 누가 알려주지 않는다고 해도 자연스럽게 태어나면서부터 하나님에 대해 알고 있습니다. 이것은 본능입니다.

> 하나님이 이르시되 우리의 형상을 따라 우리의 모양대로 우리가 사람을 만들고 그들로 바다의 물고기와 하늘의 새와 가축과 온 땅과 땅에 기는 모든 것을 다스리게 하자 하시고 하나님이 자기 형상 곧 하나님의 형상대로 사람을 창조하시되 남자와 여자를 창조하시고 (창세기 1:26- 27)

더 나아가 이 세상은 하나님의 지문/흔적으로 가득 차 있습니다. 이 세상은 하나님께서 창조하셨기 때문에, 이 세상을 바라보면 하나님이 이 세상을 만드셨다는 것을 알 수 있습니다. 우리는 어떤 그림을 보면 그 그림은 누구의 그림이라고 짐작합니다. 우리는 방안이 어지럽혀져 있는 것을 보면 그것은 누구의 짓일 것이라고 대충 짐작할 수 있습니다. 사람들이 하는 행위는 어떤 일정한 패턴이 있게 마련이기 때문입니다. 이와 마찬가지로 우리는 이 세상을 보면서 하나님이 만드신 것임을 짐작할 수 있습니다. 하나님의 패턴이 자연만물 속에서 나타나기 때문입니다.

> 창세로부터 그의 보이지 아니하는 것들 곧 그의 영원하신 능력과 신성이 그가 만드신 만물에 분명히 보여 알려졌나니 그러므로 그들이 핑계하지 못할지니라. (로마서 1:20)

이 세상은 우연히 어쩌다보니까 생긴 것이 아닙니다. 하나님을 계산에 넣지 않고 우주의 기원을 설명하려고 하니까 빅뱅이론(큰 폭발로 인하여 우주가 만들어졌다는 가설)이 생기는 것이고, 하나님을 계산에 넣지 않고 생명의 기원을 설명하려니까 진화론(물질에서부터 생명이 만들어지고, 점점 더 고등생물이 만들어졌다는 가설)이 생기는 것입니다.

김창완의 "어머니와 고등어"라는 노래를 보면 고등어를

보면서 어머니의 사랑을 떠올립니다.

　　한밤중에 목이 말라 냉장고를 열어보니/ 한 귀퉁이
에 고등어가 소금에 절여져 있네./ 어머니 코고는
소리 조그맣게 들리네./ 어머니는 고등어를 구워주
려 하셨나보다./ 소금에 절여놓고 편안하게 주무시
는구나./ 나는 내일 아침에는 고등어 구일 먹을 수
있네./ 어머니는 고등어를 절여놓고 주무시는구나./
나는 내일 아침에는 고등어 구일 먹을 수 있네./ 나
는 참 바보다 엄마만 봐도 봐도 좋은걸.

　냉장고 안에 고등어가 있는 것을 보게 되었다면, 우리
는 무슨 생각을 할까요? 무슨 생각을 해야 당연할까요?
가장 그럴듯한 상상은 어머니가 사랑으로 내일 아침에
고등어구이를 해주기 위해서 소금에 절여 냉장고 안에
넣어두었다고 생각하는 것입니다. 아무도 그 안에 고등어
를 넣지는 않았는데, 고등어가 저절로 냉장고에 들어가게
되었을 것이라고 결론을 내릴 사람은 아마 아무도 없을
것입니다.

　이와 마찬가지로 놀라운 생명의 신비, 우주의 신비, 지
구의 움직임 등등 모든 것들이 완벽하게 맞아떨어져서
움직여 나가는 것은 어쩌다 보니까 우연히 그렇게 되었
다고 할 수 없습니다. 하나님께서 계시고 하나님께서 창

조하셨다고 생각하는 것이 옳습니다.

고등어가 냉장고 안에 소금에 절여져 있는 모습을 보면서 우리는 나를 사랑하는 어머니가 있다는 사실 때문에 행복해 합니다. 그리고 그렇게 행복을 느끼는 것은 당연한 것이고, 특권이기도 합니다. 그런데 만일 자신을 사랑하는 어머니가 있음에도 불구하고 어머니는 나의 진짜 어머니가 아닐 것이라고 의심하면서, 그 어머니의 사랑을 거부하고, 외로이 홀로 눈물을 흘리고 있다면, 그것은 어리석은 일이 될 것입니다.

이와 마찬가지로 하나님은 우리를 사랑하고 계십니다. 그리고 그런 흔적을 온 세상에 남겨놓으셨습니다. 그렇다면 우리는 우리를 사랑하시는 하나님의 계심을 믿고 담대하게 살아가는 것이 당연한 것이고, 특권이 될 것입니다. 하나님이 계심에도 불구하고 고아처럼 하나님이 계시지 않다고 부정하며 사는 것은 어리석은 일이 될 것입니다.

하나님을 알려면 하나님의 말씀을 살펴보아야 한다. 엉뚱한 소리에 귀를 기울일 것이 아니라 자연을 통해서 알게 되는 하나님에 대한 지식은 제한적입니다. 그래서 우리는 하나님에 대하여 더욱 자세히 알기 위해서는 본성적으로 알고 있는 개념 외에, 그리고 자연에서 배우게 되는 지식 외에 더 특별한 지식이 필요합니다.

우리는 하나님에 대해서 더욱 자세히 알아갈 필요가 있습니다. 어머니에 대한 사랑을 알면 알수록 더욱 기쁨이 넘치듯이, 하나님에 대해서 알면 알수록 우리의 삶은 기쁨으로 넘치게 될 것이기 때문입니다.

우리는 어디에서 하나님에 대한 지식을 얻을 수 있을까요? 하나님의 말씀인 성경을 통해서입니다. 성경은 하나님께서 우리들에게 주신 말씀입니다. 물론 그 성경을 기록한 인간 저자들이 있습니다. 하지만 하나님의 성령께서 영감을 주어서 하나님의 뜻을 전달하도록 사용하셨습니다. 그러므로 우리는 하나님의 말씀인 성경을 통해서 하나님이 누구신지에 대해서 알아갈 수 있습니다.

> 모든 성경은 하나님의 감동으로 된 것으로 교훈과 책망과 바르게 함과 의로 교육하기에 유익하니 이는 하나님의 사람으로 온전하게 하며 모든 선한 일을 행할 능력을 갖추게 하려 함이라. (디모데후서 3:16-17)

하나님을 오해하게 만드는 잘못된 정보를 피해야

우리는 종종 하나님에 대해서 오해할 때가 있습니다. 하나님의 모습과 성품이 전혀 아닌데도, 하나님의 모습과 성품인 것인 양 착각할 때가 있습니다. 그래서 하나님과 바른 관계로 나아가지 못하고, 잘못된 생각에 사로잡혀 있을 때가 있습니다.

마치 자녀들이 부모에 대해서 오해할 때가 있는 것과 비슷합니다. 자녀들이 잘못할 때 종종 부모는 채찍을 들 때가 있습니다. 그러면 자녀들은 종종 자신의 부모는 자신을 사랑하지 않는다고 오해할 수 있습니다. 부모가 자녀를 위해서 열심히 일을 하는데, 자녀들은 종종 부모는 자녀들보다 돈을 더 좋아한다고 오해할 때도 있습니다. 이와 마찬가지로 우리들은 하나님에 대해서 오해할 때가 많습니다.

우리가 하나님에 대해서 오해하게 되는 것은 하나님에 대해서 잘못된 정보를 제공하는 사람들 때문입니다. 이 중에는 불신자들이 있습니다. 불신자들은 하나님이 없었으면 좋겠다고 하는 생각 때문에 하나님에 대해서 잘못된 주장들을 합니다. 하나님은 계시지 않는다고 주장하거나, 하나님은 우리에게 관심을 가지고 있지 않다고 주장합니다. 이들은 하나님에 대해서 경험해본 적이 없기 때문에 하나님에 대한 잘못된 소문을 퍼트리는 일을 합니다. 마치 서울에 가보지도 않았으면서, 서울이란 곳은 가볼 곳이 못된다고 떠들어대는 사람과 비슷합니다.

하나님에 대해서 잘못된 정보를 제공하는 사람 중에는 신자들도 있습니다. 신자들은 신앙생활을 하면서 나름대로의 신앙적인 경험이 있습니다. 그래서 자신들은 하나님에 대해서 어느 정도 안다고 생각합니다. 하지만 그들이 경험한 하나님은 하나님의 여러 모습 가운데 일부분일 가능성이 많으며, 그것도 왜곡된 형태로 경험했을 가능성도 있습니다. 그럼에도 불구하고 사람들은 자신들의 경험이 최고라고 생각하며 그것만이 가장 정확한 하나님의 모습이라고 생각하고 자신의 생각을 널리 퍼트리고 있습니다.

물론 다른 사람들의 신앙적 경험이 우리들에게 도움이 될 때가 있습니다. 마치 학교에서 선생님에게 수학을 배웠는데도 도무지 이해가 되지 않지만, 친구들이 설명해주면 더 쉽게 이해되는 경우와 같습니다. 친구들은 같은 이해의 수준에서 같은 고민을 가진 상태에서 설명해주기 때문입니다. 어쩌면 신앙생활을 할 때 동료 신자들의 경험이 큰 도움이 될 때가 있습니다. 하지만 언제나 그렇듯이 친구들은 종종 잘못된 정보를 제공하기도 해서 큰 낭패를 볼 때가 있는 것처럼, 하나님에 대한 정보도 동료 신자들로부터 듣게 될 때 때때로 잘못된 정보를 전달받을 수 있는 위험도 있습니다. 안타깝게도 목회자들도 항상 100% 완벽한 가르침을 전달할 수 있는 것이 아닙니다.

청춘남녀의 사랑이 이루어지기 위해서는 서로가 서로에 대해서 직접 그 마음을 확인할 필요가 있습니다. 종종 TV 드라마를 보면 그 둘 사이를 방해하는 사람이 등장합니다. 그 사람은 두 사람 사이를 이간질합니다. "그 사람은 너를 사랑하지 않아." "네가 없어지는 것이 그 사람에게는 더 좋은 거야." 안타깝게도 TV 속 가련한 주인공은 그 사람의 말이 진짜인줄 알고 조용히 사라집니다. 상대방은 애타게 그를 기다리고 있고 찾고 있다는 사실도 모른 채 말입니다. 그것을 보고 있는 시청자들은 애가 탑니다. 그 이간질하는 사람의 말을 듣지 말고 직접 사랑하는 사람을 찾아가서 마음을 확인하면 될 텐데, 왜 그렇게 하지 않는가 하고 애가 닳습니다.

그런데 이런 현상이 우리의 신앙생활에서도 비슷하게

일어납니다. 하나님에 대한 정확한 지식을 하나님의 말씀에서부터 배우지 않고 사람들이 들려주는 잘못된 정보에 따라서 하나님을 오해하는 것입니다.

하나님에 대해서 정확하게 알 수 있는 참된 지식의 보고는 성경입니다. 무엇보다도 성경을 읽고, 그 속에서 하나님을 어떻게 묘사하고 있는지 알아가야 합니다. 그런데 안타깝게도 우리는 성경을 통해서 하나님을 알아가지 않고, 종종 미신에서 말하는 신(神)의 개념으로 하나님을 오해할 때가 많습니다.

능력은 있지만 사랑이 없는 신은 우리를 착취한다.

미신에서의 신(神) 개념은 다양하지만, 그 가운데 대표적인 것은 "능력은 있지만 사랑은 없는 신(神)"입니다. 미신에서는 신(神)이 능력이 있지만, 사람에 대해서 애정을 가지고 있지 않습니다. 미신에서의 신(神)은 우리들과는 아무런 인격적 관계가 없는 제3자에 불과합니다.

그래서 우리에 대해 아무런 애정도 가지고 있지 않은 그 신(神)으로부터 우리가 무엇인가를 얻으려면, 그 신(神)의 관심을 끌만한 무엇인가를 우리가 행해야 합니다.

예를 들면, 신(神)을 만족시킬만한 굿을 하든지, 신(神)의 행동을 제어하는 부적을 부치든지, 신(神)을 움직이게 만들기 위해 지극 정성을 다해야 합니다. 애초에 우리 인간에게 별 관심이 없는 그런 신을 움직이게 만드는 것은 인간 편에서 최선의 노력을 다했는가에 전적으로 달려 있습니다. 지성(至誠)이면 감천(感天)이라는 표현은 미신의 신(神)을 가장 정확하게 표현합니다.

만일 우리의 정성이 부족하다면, 우리는 응답을 받을 수 없습니다. 이 세상에 존재하는 대부분의 종교는 이러한 신관(神觀)을 가지고 있습니다. 그런 종교에서는 우리 인간 편에서의 노력을 강조합니다. 참선, 묵언수행, 고행, 금식, 기도, 자선행위 등등 공적을 쌓아야만 겨우 신(神)에게 혹은 신의 경지에 도달할 수 있거나, 신(神)으로부터 응답을 받을 수 있습니다.

그런데 이러한 종교 시스템은 우리들을 착취하는 시스템입니다. 이러한 시스템 속에는 우리들의 정성을 이용하여 무당(종교인)의 배를 불리려는 속셈이 들어 있습니다. 안타깝게도 수많은 사람들이 이런 무당적인 행위의 피해자가 되고 맙니다. 마치 카지노의 기계에 돈을 넣으면 일확천금할 수 있다는 속임수에 속아서 수많은 사람들이 자신들의 재산을 탕진하는 것처럼, 신(神)에게 정성을 다

하면 축복을 받을 수 있고 소원을 성취할 수 있다는 속임수에 속아서 수많은 사람들이 착취를 당하고 있는 것입니다.

물론 어떤 종교인에게는 그런 속셈이 없다 하더라도, 미신의 신개념을 가지고 있게 되면, 결국 우리는 영적인 착취를 당하게 됩니다. 하나님에 대하여 제대로 잘 알지 못하는 잘못된 종교인에게 이끌리어 간다면, 그 종교인이 나쁜 속셈을 가지고 있지 않더라도 결국 구덩이에 빠지는 결과를 가져오게 될 것입니다.

> 그냥 두라. 그들은 맹인이 되어 맹인을 인도하는 자로다. 만일 맹인이 맹인을 인도하면 둘이 다 구덩이에 빠지리라. (마태복음 15:14)

고행을 해야 하고, 참선을 해야 하는 등 아무 쓸데없는 종교적 노력을 해야만 합니다. 물론 그 가운데 보람이나 성취감 등이 없는 것은 아니겠지만, 우리가 하나님에 대한 잘못된 이해를 하게 될 경우, 당하게 되는 영적인 피해는 너무나도 큽니다. 능력은 있지만 우리와는 아무런 인격적인 관계도 없고 사랑의 관계도 없는 신 앞에서 우리는 그저 무서울 뿐입니다. 마치 무서운 조폭에게 돈을 빼앗기듯 신에게 모든 것을 빼앗기게 됩니다.

우리의 부모님처럼 우리를 사랑하시는 하나님

성경에서 가르치는 하나님은 무엇보다도 사랑이 많으신 아버지이십니다. 미신에서의 신(神)은 우리들과는 아무런 상관이 없는 신(神)이지만, 성경에서 가르쳐주고 있는 하나님은 우리를 사랑하시는 하나님입니다.

> 너희가 아들이므로 하나님이 그 아들의 영을 우리 마음 가운데 보내사 아빠 아버지라 부르게 하셨느니라. 그러므로 네가 이 후로는 종이 아니요 아들이니 아들이면 하나님으로 말미암아 유업을 받을 자니라.
> (갈라디아서 4:6-7)

그래서 다른 종교에서의 기도와 성경적인 기독교에서의 기도는 다릅니다. 다른 종교에서의 기도는 기본적으로 신(神)의 마음을 우리에게로 돌리게 하기 위한 우리들의 노력입니다. 기도의 응답이 없는 이유는 그만큼 우리의 정성이 부족했기 때문이고, 신(神)의 관심을 끌만큼 우리가 노력을 하지 못했기 때문입니다. 물물교환으로 치자면, 우리가 신(神)의 관심을 끌만한 것을 제공하지 못했기 때문에 그 신(神)이 우리들이 원하는 것을 주지 않는 것입니다. 따라서 우리가 원하는 것을 얻기 위해서는 그것을 가지고 있는 신(神)의 마음을 충족시킬만한 무엇인가를 우리가 해야 합니다. 이러한 생각이 미신을 비롯하여 대부분의 모든 종교에서 가지고 있는 생각입니다.

하지만 성경에서 하나님은 우리의 아버지이시기 때문에, 기본적으로 우리에게 관심을 가지고 계십니다. 그리고 하나님은 우리에게 가장 좋은 것을 주시기 원하시는 분이십니다.

> 구하라. 그리하면 너희에게 주실 것이요. 찾으라. 그리하면 찾아낼 것이요. 문을 두드리라. 그리하면 너희에게 열릴 것이니 구하는 이마다 받을 것이요. 찾는 이는 찾아낼 것이요. 두드리는 이에게는 열릴 것이니라. 너희 중에 누가 아들이 떡을 달라 하는데 돌을 주며 생선을 달라 하는데 뱀을 줄 사람이 있겠느냐? 너희가 악한 자라도 좋은 것으로 자식에게 줄 줄 알거든 하물며 하늘에 계신 너희 아버지께서 구하는 자에게 좋은 것으로 주시지 않겠느냐? (마태복음 7:7-11)

성경에서 묘사하고 있는 하나님은 우리의 아버지 되시는 하나님이십니다. 그래서 우리가 무엇인가를 달라고 구하면, 우리에게 좋은 것으로 주시려고 하십니다. 기본적으로 우리의 필요에 전혀 관심이 없는 미신에서의 신(神)과는 다릅니다.

우리가 하나님에게 무엇을 주는가에 따라서 하나님의 응답이 달라지는 것도 아니고, 우리가 얼마나 열정적으로 구하는가에 따라 하나님의 응답이 달라지는 것도 아닙니다. 하나님은 우리를 사랑하시기 때문에 언제나 가장 좋은 것으로 주시려고 합니다. 학교에서 돌아온 아이가 먹을 것을 달라고 요구하지 않아도 어머니는 아이가 배고플 것 같아서 아이가 기쁘게 먹을 간식을 내어놓는 것처럼, 하나님은 기본적으로 우리를 사랑하셔서 우리에게 가장 좋은 것으로 주시는 분이십니다.

필요한 것이 있는데도 부모에게 말하면 내 말을 들어줄지 들어주지 않을지 확신이 서지 않아서 머뭇거리는 아이에게 부모는 이야기합니다. "말해보렴. 뭘까? 네가 뭔가 가지고 싶구나? 괜찮아. 말해보렴. 내가 들어줄게." 그렇게 이야기하는 부모의 마음처럼, 예수님은 우리들에게 말씀하십니다. "구하라. 그리하면 너희에게 줄 것이다." 하나님은 우리를 사랑하시는 하나님이시기 때문입니다.

그런데 왜 하나님은 내 기도에 응답하지 않으시는가?

물론 우리가 기도한 그대로 다 이루어지는 것은 아닙니다. 하나님은 우리들의 기도에 기계적인 반응을 하시는 분이 아니라, 사랑으로 반응하시며 가장 좋은 것을 주시기 원하시는 인격적인 하나님이시기 때문입니다.

하나님은 현금자동지급기(ATM)가 아닙니다. 현금자동지급기는 카드와 비밀번호만 있으면 이유를 묻지 않고 돈을 내줍니다. 돈을 인출하는 사람이 그 돈으로 좋은 일을 할지 나쁜 일을 할지 묻지 않습니다. 이 돈을 인출해서 결과적으로 도움이 될지 해가 될지 따지지 않습니다. 그냥 비밀번호만 확인되면 기계적으로 내어줍니다.

하지만 하나님은 기계가 아니라 인격적이신 분이십니다. 그래서 우리가 구한 그대로 다 주시는 것은 아닙니다. 과연 우리의 기도가 하나님의 뜻에 맞는지 따지십니다. 과연 우리의 기도가 결과적으로 우리들에게 좋은 것인지 따지십니다. 그리고 우리에게 가장 좋은 것으로 주십니다. 그래서 때로는 우리의 기도가 응답되지 않는 것처럼 느껴질 때도 있고, 하나님은 전혀 내 기도에 응답하지 않는 것처럼 느껴질 때도 있습니다.

하지만 분명한 것은 하나님이 우리를 사랑하지 않기 때문에, 혹은 하나님이 너무 바쁘셔서, 또는 하나님이 능력이 부족해서, 또는 우리의 정성이 부족해서 응답이 되지 않는 것은 아니라는 점입니다. 당뇨에 걸린 아이에게서 사탕을 뺏는 부모의 마음처럼 하나님은 우리가 구한 대로 들어주지 않으실 수도 있습니다. 하지만 분명한 것은 하나님은 우리를 사랑하신다는 점입니다.

> 하나님이 우리를 사랑하시는 사랑을 우리가 알고 믿었노니 하나님은 사랑이시라. 사랑 안에 거하는 자는 하나님 안에 거하고 하나님도 그의 안에 거하시느니라. (요한일서 4:16)

하나님의 응답이 없더라도 하나님을 전적으로 신뢰해야

기도가 응답이 되던 되지 않던, 우리는 항상 아버지 되신 하나님을 신뢰할 필요가 있습니다. 왜냐하면 하나님께서 우리를 다루시는 방식은 사랑으로부터 나온 것이며, 결국에는 하나님의 뜻대로 선(善)을 이루실 것이기 때문입니다. 부모가 자녀를 병원에 데려가서 주사를 맞히는 일도 있지만, 그것은 자녀에게 고통을 주기 위해서가 아니라 자녀로 하여금 건강하게 자라나게 하기 위한 선한 뜻인 것과 같습니다. 그러므로 우리는 응답이 없는 것 같아도 하나님을 전적으로 신뢰할 필요가 있습니다.

> 우리가 알거니와 하나님을 사랑하는 자 곧 그의 뜻대로 부르심을 입은 자들에게는 모든 것이 합력하여 선을 이루느니라. (로마서 8:28)

우리 집 아이들은 어렸을 때 자기들이 원하는 것을 다 얻지 못했습니다. 좋은 것을 볼 때마다 내게 다가와 사달라고 요구하였습니다. 하지만 나는 그 요구를 들어줄 때도 있었지만 많은 경우에 들어주지 못했습니다. 그럴 때 우리 집 아이들은 이내 실망감을 표하곤 했습니다. 그 모습을 보는 내 마음은 무척 많이 아팠습니다. 그런데 우리 집 아이들은 그 다음 날이면 어김없이 또 다가와서 내게 사랑을 표하였고, 또 다른 것을 사달라고 요구하였습니다. 바로 어제 다른 요구를 거절한 내게 와서 또 다른 요청을 한 것입니다. 그 이유는 그 아이들은 여전히 나를 아빠로 생각하고 있었기 때문이었습니다. 비록 어제 내가 그 요구를 거절했지만, 그것은 내가 자기를 사랑하지 않는다는 것을 의미하는 것이 아니었음을 잘 알았기 때문입니다. 여전히 이 세상에서 가장 자기를 사랑하는 사람이 바로 나였다는 것을 알고 있었기 때문이었습니다.

우리는 하나님을 신뢰하며 나아가야 합니다. 미신에서 말하는 신(神)의 모습이 하나님의 모습이 아니라, 우리를 사랑하사 그 아들을 십자가에 내어주시기까지 사랑하신 분이 하나님이심을 믿어야 합니다.

하나님의 사전에 불가능은 없다.

성경에서 가르치는 하나님은 전지전능(全知全能)하시고 편재(遍在)하신 하나님입니다. 이것이 인간과 다른 점입니다. 인간은 도와주고 싶어도 능력이 부족하여 도와줄 수 없습니다. 하지만 하나님은 전능하신 하나님이시기 때문에 하지 못하시는 일이 없습니다.

> 여호와는 죽이기도 하시고 살리기도 하시며 스올*에
> 내리게도 하시고 거기에서 올리기도 하시는도다. 여
> 호와는 가난하게도 하시고 부하게도 하시며 낮추기
> 도 하시고 높이기도 하시는도다. 가난한 자를 진토에
> 서 일으키시며 빈궁한 자를 거름더미에서 올리사 귀

---

* "스올"은 죽음 또는 지옥을 뜻합니다.

족들과 함께 앉게 하시며 영광의 자리를 차지하게
하시는도다. 땅의 기둥들은 여호와의 것이라. 여호와
께서 세계를 그것들 위에 세우셨도다. (사무엘상 2:
6-8).

나는 여호와요 모든 육체의 하나님이라. 내게 할 수
없는 일이 있겠느냐? (예레미야 32:27)

인간은 도와줄 수 있어도, 마음이 변해서 도와주지 않
을 수 있습니다. 인간은 마음이 변하지 않는다 해도, 호
흡이 끊어져서 도울 수 없게 되기도 합니다. 하지만 하나
님은 결코 변하지 않는 하나님이십니다.

하나님은 사람이 아니시니 거짓말을 하지 않으시고
인생이 아니시니 후회가 없으시도다. 어찌 그 말씀하
신 바를 행하지 않으시며 하신 말씀을 실행하지 않
으시랴? (민수기 23:19)

여기에도 계시고 동시에 저기에도 계신 하나님

하나님은 이 세상 어디에든지 계십니다. 사람은 이곳에
있으면 저곳에 있을 수 없습니다. 이것에 신경을 쓰면 다
른 것에는 신경을 쓸 수 없습니다. 그래서 사람은 마음이

있더라도 함께 하지 못해서 도와주지 못할 수 있습니다. 하지만 하나님은 어디에든지 계시기 때문에, 우리가 어디에 있더라도 우리를 도우실 수 있는 분이십니다.

> 내가 주의 영을 떠나 어디로 가며 주의 앞에서 어디로 피하리이까? 내가 하늘에 올라갈지라도 거기 계시며 스올에 내 자리를 펼지라도 거기 계시니이다. 내가 새벽 날개를 치며 바다 끝에 가서 거주할지라도 거기서도 주의 손이 나를 인도하시며 주의 오른손이 나를 붙드시리이다. (시편 139:7-10)

사람은 깨어 있는 시간이 있고, 잠시 졸고 잠을 자는 시간도 있습니다. 아무리 능력이 있고 아무리 도울 마음이 있다 할지라도 잠을 자고 있는 동안에는 사람이 도와줄 수 없습니다. 하지만 하나님은 졸지도 주무시지도 않는 하나님이십니다.

> 여호와께서 너를 실족하지 아니하게 하시며 너를 지키시는 이가 졸지 아니 하시리로다. 이스라엘을 지키시는 이는 졸지도 아니하시고 주무시지도 아니 하시리로다. (시편 121:3-4)

전능하신 하나님이시면서 동시에 사랑이 많으신 하나님

만일 하나님께서 우리를 사랑하시기는 하지만 전능하지 않다면, 우리가 하나님을 신뢰할 수 없을 것입니다. 남편이 아내를 사랑하는 착하고 착한 사람이지만 무능할 경우 아내는 답답할 수밖에 없을 것입니다. 이와 마찬가지로 하나님도 우리를 사랑하시기는 하지만, 전능하지 않다면 우리에게 도움이 될 수 없을 것입니다. 정 반대로 하나님께서 전능하기는 하지만 우리를 사랑하지 않는다면 하나님은 그냥 무서운 존재일 수밖에 없을 것입니다.

하지만 하나님은 우리를 사랑하시는 분이신 동시에 전능하신 하나님이십니다. 이것은 미신에서 가르치는 신(神) 개념과는 다른 개념입니다. 미신에서의 신(神)은 전능하기는 하지만 우리를 사랑하지 않기 때문에 별로 도움이 되지 않고, 우리를 착취하기만 할 뿐입니다. 하지만 하나님은 우리를 사랑하시는 동시에 언제나 어디서나 우리를 능히 도우실 수 있는 하나님이십니다.

엉망진창인 이 세상을 하나님은 왜 그냥 방치하고 계신 것일까?

이 세상은 마치 하나님이 계시지 않는 것처럼 엉망진

창입니다. 하나님이 계시다면 이 세상은 왜 이렇게 엉망진창일까요? 악을 행하는 자는 여전히 잘 되는 반면에, 선을 행하는 사람은 고통을 받습니다. 열심히 성실하게 일하는 자에게는 보상이 주어지지 않는데, 속임수를 쓰고 악을 행하는 자들은 처벌을 받는 것 같지도 않습니다. 과연 하나님은 전능하신 하나님이 맞고, 우리를 사랑하시는 하나님이 맞을까요?

이 세상에 악이 판을 치고 있음에도 불구하고 하나님께서 이를 쓸어버리지 않으시는 이유는 우리가 잘 알 수 없습니다. 한계가 있는 우리 인간이 하나님의 오묘하고 깊으신 뜻을 다 파악할 수 없습니다.

> 네가 하나님의 오묘함을 어찌 능히 측량하며 전능자를 어찌 능히 완전히 알겠느냐? 하늘보다 높으시니 네가 무엇을 하겠으며 스올보다 깊으시니 네가 어찌 알겠느냐? 그의 크심은 땅보다 길고 바다보다 넓으니라. (욥기 11:7-9)

성경에서는 여러 가지로 이 문제에 대한 답을 제시하고 있습니다. 전부를 살펴볼 수는 없지만, 그 가운데 하나의 대답은 하나님은 죄인을 바로 심판하시기보다 죄인이 회개하고 돌아오기를 애타게 기다리시기 때문이라는 것입니다.

악의 문제에 대한 가장 간단하고 쉬운 방법은 이 세상을 심판해버리는 것입니다. 하지만 사랑이 많으신 하나님은 죄인이 회개하기를 기다리고 계십니다. 한 사람이라도 더 회개하고 돌아오는 것을 기다리시기 때문에 악을 행하는 자들을 바로 심판하지 않고 기다리시는 것입니다.

> 사랑하는 자들아 주께는 하루가 천 년 같고 천 년이 하루 같다는 이 한 가지를 잊지 말라. 주의 약속은 어떤 이들이 더디다고 생각하는 것 같이 더딘 것이 아니라 오직 주께서는 너희를 대하여 오래 참으사 아무도 멸망하지 아니하고 다 회개하기에 이르기를 원하시느니라. (베드로후서 3:8-9)

이 세상에서는 모든 것이 정의롭게 처분되지 않을 수도 있습니다. 악을 행하는 자들이 잘 되기도 하고, 선을 행하는 자들이 어려운 가운데 살 수도 있습니다. 하지만 지금 당장 하나님의 심판이 내게 없다고 해서 계속해서 악을 저지르고 살기보다는 아직 기회가 있을 때 회개하는 것이 옳을 것입니다.

하나님께서 악을 행하는 자들을 그냥 방치하는 것처럼 보이는 이유 가운데 또 하나는 하나님은 강제로 하나님의 사랑을 강요하는 것이 아니라, 마음을 열고 하나님의 사랑을 받아들일 것을 기다리시기 때문입니다. 하나님은 전능하시기 때문에 사람들의 마음을 강제하여 마음을 열고 받아들이게 만들 수도 있지만, 그렇게 얻은 사랑은 참사랑이 아닐 것입니다. 사랑은 강요에 의해서 이루어진 것이 아니라 자발적으로 마음을 열 때에야 진정한 사랑이기 때문입니다. 그래서 하나님은 기다리고 계십니다.

> 볼지어다. 내가 문 밖에 서서 두드리노니 누구든지 내 음성을 듣고 문을 열면 내가 그에게로 들어가 그와 더불어 먹고 그는 나와 더불어 먹으리라. (요한계시록 3:20)

전능하신 하나님에 대한 합당한 자세는 예배이다.

우리는 하나님을 예배해야 합니다. 하나님께서 우리를 창조하신 목적은 하나님께 예배하게 하기 위함입니다. 사람이 시계를 만든 목적은 그 시계로 하여금 시간을 가리키게 하기 위해서입니다. 사람이 배를 만든 것은 그 배를 타고 강이나 바다를 건너가기 위함입니다. 이와 마찬가지로 하나님께서 사람을 만드실 때에도 목적을 염두에 두고 사람을 만드셨습니다. 성경에서는 하나님께서 사람을 창조하신 목적 가운데 하나가 하나님을 찬송하고 예배하게 하기 위한 것이라고 기록하고 있습니다. 따라서 우리는 하나님을 찬송하고 예배해야 합니다.

> 이 백성은 내가 나를 위하여 지었나니 나를 찬송하게 하려 함이니라. (이사야 43:21)

하나님께 예배하기 위하여 우리는 교회를 이루고 있습니다. 교회가 존재하는 목적 가운데 하나도 하나님께 예배하기 위한 것입니다. 따라서 그 어떤 목적보다도 교회는 예배하는 것을 중요하게 여겨야 합니다. 교회라고 하는 공동체는 무엇보다도 예배하는 공동체입니다.

우리는 일주일 중에서 6일 동안 일을 합니다. 그런데 일주일 가운데 하루는 하나님을 예배하는 날로 따로 사용합니다. 일주일 중에서 하루를 떼어서 특별히 예배하는 데 사용하는 것은 낭비가 아닙니다. 이것은 창조의 법칙이기도 합니다. 일에서부터 쉬고 하나님을 예배하는 것은 시간을 낭비하는 것처럼 느껴질지도 모릅니다. 특히 학생들은 공부하는 데 손해를 보는 것 같고, 일을 하는 사람들은 그만큼 돈벌이를 하는데 손해를 보는 것처럼 느껴질지도 모릅니다. 하지만 일주일 가운데 하루를 쉬면서 하나님께 예배하는 것은 창조의 질서이기 때문에 결코 손해가 아닙니다. 오히려 쉬지 않고 달리다가 망가지게 될 것입니다. 우리는 하나님께 예배하는 것의 중요성을 잊어서는 안 됩니다. 그것이 바로 창조의 질서이고, 하나님께서 우리를 만드신 목적이기 때문입니다.

일상에서 하나님을 인정하고 하나님의 뜻대로 순종하며 사는 것은 하나님 앞에 드려지는 참된 예배

우리는 일상생활을 통해서도 하나님께 예배해야 합니다. 일상에서 하나님을 예배하는 방법은 하나님의 뜻대로 순종하는 것입니다. 이 세상에서 하나님께서 원하시는 대로 살아가는 것 자체가 하나님께서 기뻐하실만한 살아있는 예배입니다.

그러므로 형제들아 내가 하나님의 모든 자비하심으로 너희를 권하노니 너희 몸을 하나님이 기뻐하시는 거룩한 산 제물로 드리라 이는 너희가 드릴 영적 예배니라. 너희는 이 세대를 본받지 말고 오직 마음을 새롭게 함으로 변화를 받아 하나님의 선하시고 기뻐하시고 온전하신 뜻이 무엇인지 분별하도록 하라. (로마서 12:1-2)

교회로 함께 모여서 하나님께 예배하지만, 실제로 우리들의 삶 속에서 하나님의 뜻대로 살지 않고 악을 행하며 살고, 무자비하게 인생을 산다면, 그 사람은 예배하는 자라고 할 수 없습니다. 그런 사람은 위선자일 뿐입니다.

> 하나님 아버지 앞에서 정결하고 더러움이 없는 경건은 곧 고아와 과부를 그 환난 중에 돌보고 또 자기를 지켜 세속에 물들지 아니하는 그것이니라. (야고보서 1:27)

> 예수께서 이르시되 네 마음을 다하고 목숨을 다하고 뜻을 다하여 주 너의 하나님을 사랑하라 하셨으니 이것이 크고 첫째 되는 계명이요. 둘째도 그와 같으니 네 이웃을 네 자신 같이 사랑하라 하셨으니 이 두 계명이 온 율법과 선지자의 강령이니라. (마태복음 22:37-40)

하나님께 예배하는 것은 굴욕적이고 수치스러운 태도가 아닌가?

예배한다는 것은 자율성을 가진 인간에게 굴욕적이고 수치스러운 것으로 생각되기 쉽습니다. 우리는 본성적으로 누구에게 예배하고 종속되는 것보다 자율적인 인간이 되는 것을 갈망하기 때문입니다. 그래서 하나님을 섬기고 예배하는 것은 굴욕적인 것이라고 생각하기 쉽습니다. 하지만 다음과 같은 사실을 우리가 기억해야 합니다.

첫째, 하나님을 찬양하고 예배하는 것이 우리에게 유익합니다. 하나님은 우리의 것을 갈취하고 우리의 삶을 피폐하게 만드는 독재자(거지왕초, 깡패두목)가 아니라, 우리를 사랑하시는 아버지이시기 때문입니다. 독재자(거지왕초, 깡패두목)에게 머리를 숙이는 것은 그렇게 하지 않으면 피해를 당하기 때문이고, 복종하면 약간의 당근을 얻을 수 있기 때문입니다.

하지만 하나님은 우리를 사랑하시는 아버지입니다. 우리를 사랑하는 부모를 향한 당연한 반응이 부모님을 사랑하고 공경하는 것인 것처럼, 우리는 하나님을 사랑하고 예배하는 것이 당연한 것입니다. 하나님으로부터 보복을 당할 것이 두려워서 하나님을 예배하고 찬양하는 것이 아닙니다. 오히려 하나님이 우리를 사랑해주셨기 때문에, 즉 그 아들을 십자가에 내어주시기까지 진정으로 우리를 사랑하셨기 때문에, 그 사랑에 자연스럽게 반응하여 하나님을 찬양하고 예배하는 것입니다.

둘째, 우리는 하나님을 예배하지 않으면 우상을 예배하

게 됩니다. 어차피 우리는 무엇인가를 예배하게 되어 있습니다. 중립지대는 없습니다. 하나님을 예배하지 않는 사람은 그냥 아무것도 예배하지 않는 중립적인 사람 또는 독립적인 사람이 되는 것이 아닙니다. 그 사람은 하나님이 아닌 무엇인가를 예배하게 되어 있습니다. 예를 들면, 돈, 권력, 명예와 같은 우상들 앞에 머리를 숙이게 되어 있습니다. 결국 우리는 참되시며 사랑이신 하나님을 예배할 것인가 아니면 돈, 권력, 명예, 성취감 등등과 같은 우상들을 섬길 것인가 둘 중의 하나를 선택해야 합니다.

우상의 특징은 화려한 것을 약속하지만, 실제로는 우리를 파멸로 이끕니다. 마치 카지노와 비슷합니다. 성공을 약속하지만 그곳에서 패가망신하게 되는 것과 같습니다. 따라서 우리는 우리를 망하게 만들 것을 선택해서 예배할 것이 아닙니다. 우리는 참되신 하나님이며 우리를 사랑하시는 아버지이신 하나님을 예배해야 합니다.

❑ 생각해볼 문제

1. 하나님에 대해서 바르게 알아가기 위해서 성경을 읽어야 하는데, 성경을 어떻게 읽고 있는지, 성경을 읽을 때 곤란했던 점이 무엇이었는지, 성경을 해석하는데 어떤 도움을 받고 싶은지 이야기해 보십시오.

2. 하나님을 섬기지 않을 때, 내가 섬겼던 우상들이 무엇이었는지 이야기해 봅시다.

3. 이 과를 공부하기 전에 생각했던 하나님에 대한 모습이 이 과를 공부한 후에 어떻게 바뀌었습니까?

4. 사람과 하나님의 차이점은 어디에 있을까요? 서로 이야기해 봅시다.

5. 하나님께 예배하는 삶에 대해서 이야기해 봅시다. 개인적으로 나는 어떻게 하나님을 예배할 수 있습니까?

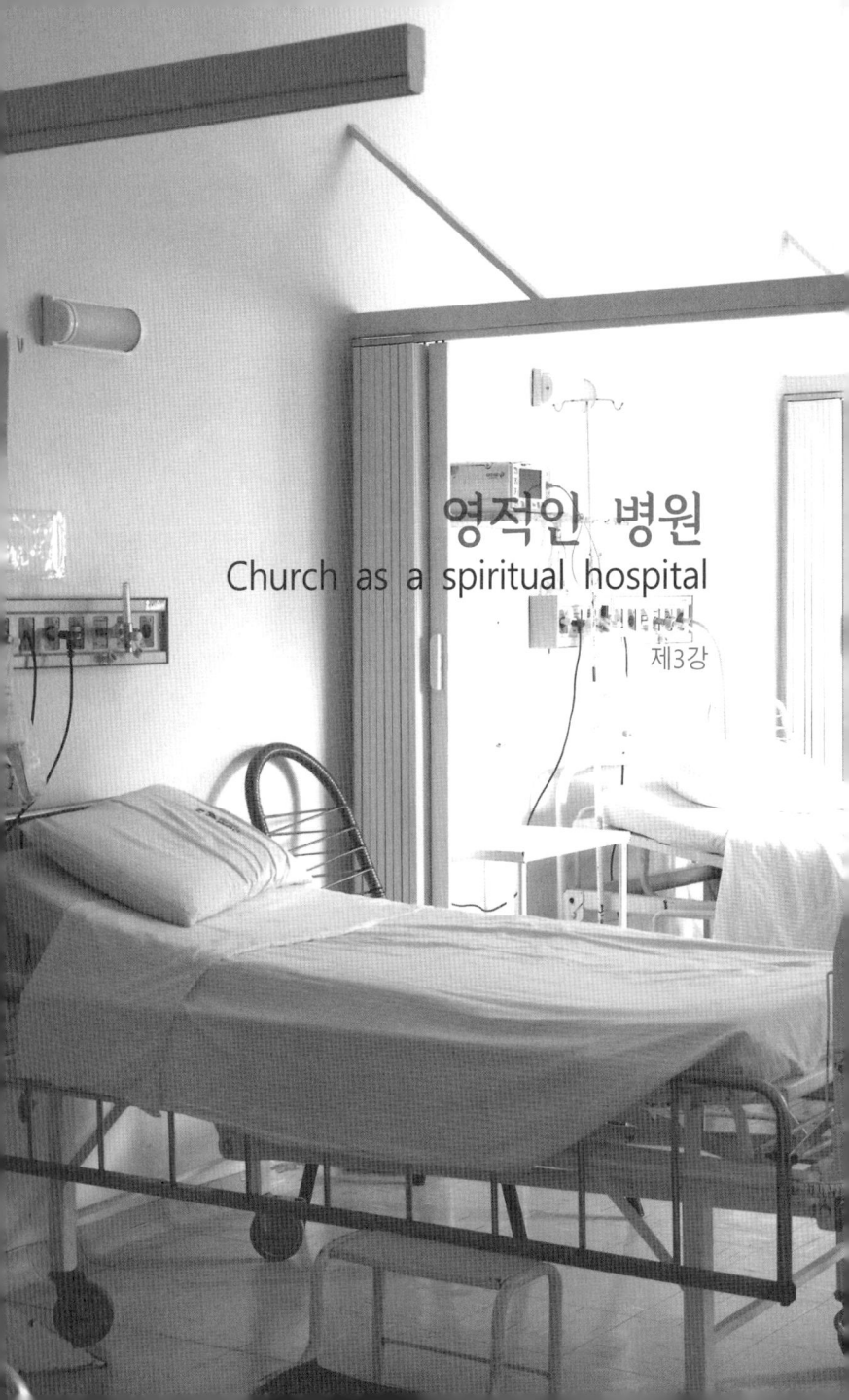

영적인 병원
Church as a spiritual hospital

제3강

❑ 마음 열기

1. 하나님이 우리를 구원해주신다면, 무엇 때문에 구원해 주실 것이라고 생각하십니까? 자신의 생각을 나누어 보십시오.

2. 교회를 다니기 전에 교회에 대해서 가졌던 거부감이 있었다면 그것이 무엇인지 말해보십시오. 실제로 교회를 다니면서 어떤 느낌을 받았는지 이야기해 보십시오.

3. 내가 교회에서 봉사하거나 활동할 수 있는 분야가 있다면 이야기해 보십시오.

❑ 영적인 병원

정말 내가 노력해서 천국에 갈 수 있는 것이 아니라, 예수님을 믿기만 하면 구원을 얻을 수 있다고?

우리 인생의 문제는 비움의 방법으로도 해결할 수 없고, 채움의 방법으로도 해결할 수 없습니다. 마치 우리의 인생은 바다 한 가운데서 난파당해서 바닷물 속에 빠진 것과 같은 상태이기 때문입니다. 이 상황에서 아무리 수영연습을 많이 한다고 해서 살아날 수 없습니다. 수영을 잘 하는 사람은 그렇지 못한 사람에 비해서 얼마간 더 버틸 수는 있겠지만 결국 저체온증으로 인하여 살아남지 못할 것입니다.

우리의 영적인 상태는 바닷물에 빠진 것과 같습니다.

이러한 상황에서 우리들의 마음을 비우고 또 비워보라는 권고는 아무런 실제적인 도움이 되지 않습니다. 이러한 상황에서 우리의 탐욕을 채우고 또 채워보았자 궁극적인 해결책이 될 수 없습니다.

그래서 하나님께서는 우리를 살리시기 위해서 특단의 조치를 취하셨습니다. 하나님께서 우리들을 사랑하셨기 때문입니다. 그 특단의 조치는 우리를 살리시기 위하여서 하나님의 독생자 예수님을 이 세상에 보내시어서 아무 죄가 없음에도 불구하고 우리를 대신하여 십자가에 죽게 하심으로써 우리의 죄값을 대신 치르게 하신 것입니다.

> 하나님이 세상을 이처럼 사랑하사 독생자를 주셨으니 이는 그를 믿는 자마다 멸망하지 않고 영생을 얻게 하려 하심이라. (요한복음 3:16)

> 의인을 위하여 죽는 자가 쉽지 않고 선인을 위하여 용감히 죽는 자가 혹 있거니와 우리가 아직 죄인 되었을 때에 그리스도께서 우리를 위하여 죽으심으로 하나님께서 우리에 대한 자기의 사랑을 확증하셨느니라. (로마서 5:7-8)

이러한 하나님의 놀라운 이야기는 예수님께서 실제로 탄생하기 700년 전 이사야 선지자를 통하여 예언했던 것이기도 했습니다.

> 그는 실로 우리의 질고를 지고 우리의 슬픔을 당하
> 였거늘 우리는 생각하기를 그는 징벌을 받아 하나님
> 께 맞으며 고난을 당한다 하였노라. 그가 찔림은 우
> 리의 허물 때문이요. 그가 상함은 우리의 죄악 때문
> 이라. 그가 징계를 받으므로 우리는 평화를 누리고
> 그가 채찍에 맞으므로 우리는 나음을 받았도다. 우리
> 는 다 양 같아서 그릇 행하여 각기 제 길로 갔거늘
> 여호와께서는 우리 모두의 죄악을 그에게 담당시키
> 셨도다. (이사야 53:4-6)

그래서 이제는 예수님을 믿음으로 받아들이기만 하면
우리가 구원을 얻게 됩니다. 하나님께서 우리들에게 사랑
을 베풀어 주셨기 때문에, 그 사랑을 우리가 받아들이기
만 하면 되는 것입니다. 우리로서는 구원을 얻기 위해서
특별히 더 해야 할 것이 없습니다.

이 소식은 기쁜 소식입니다. 왜냐하면 아무리 돈이 없
이 찢어지게 가난한 사람이라 할지라도 구원을 받을 수
있기 때문입니다. 돈이 없어서 구원을 받을 수 없었다고
말할 수 없습니다. 아무리 무식한 사람이라도 구원을 받
을 수 있기 때문에 기쁜 소식입니다. 내가 무식해서 종교
의 진리를 다 깨달아 알 수 없어서 구원을 받을 수 없었

다고 말할 수 없습니다. 아무리 건강이 좋지 못한 사람이라 할지라도 구원을 받을 수 있습니다. 내가 힘이 없어서 구원을 받아들일 수 없었다고 말할 수 없기 때문입니다. 깊은 산속에 들어가 면벽수도를 성공적으로 할 수 없는 사람이라 할지라도 구원이 가능합니다.

이 세상의 다른 종교는 좋아 보이기는 하지만 맥이 빠지는 제안입니다. 마음을 비우면 된다고 하는데, 그 누구도 충분히 마음을 비우기 힘들기 때문에 그 방법으로 구원을 받기란 하늘의 별을 따는 것보다도 더 어렵게만 느껴지기 때문입니다. 돈과 명예와 권력을 채우면 행복해질 것이라는 탐욕의 종교의 메시지도 좋아 보이기는 하지만, 아무리 노력하고 애써도 충분히 돈이나 명예나 권력을 획득하는 것은 쉽지 않기 때문입니다.

이 세상의 다른 모든 종교는 우리를 지치게 만들 뿐입니다. 하지만 성경에서 말하는 복음(福音)은 그야말로 복되고 기쁜 소식입니다. 누구나 구원을 얻을 수 있도록 활짝 열려 있기 때문입니다.

> 이르되 주 예수를 믿으라 그리하면 너와 네 집이 구원을 받으리라 하고 (사도행전 16:31)

자랑할 것이 없다.

바다에 빠진 사람이 살기 위해서는 구조선이 와서 구
명줄을 던질 때 그 구명줄을 잡고 나오면 되는 것입니다.
그렇게 해서 살아났다고 하면, 우리는 자랑할 것이 없습
니다. 우리의 힘으로 살아나온 것이 아니라, 누군가 우리
를 건져주었기 때문입니다. 그래서 우리는 겸손해야 합니
다. 우리는 사람들 앞에서, 그리고 하나님 앞에서 우리가
구원을 받게 된 것은 나의 공로 때문이 아니라, 전적으로
하나님의 은혜였음을 고백해야 합니다.

우리는 하나님 앞에 서게 될 때, 어떻게 죄가 많은 내
가 구원을 받게 되었는지 도무지 이해하지 못하게 될 것
입니다. 하나님의 거룩함에는 도무지 미달하는 우리들이
하나님의 나라에 들어오게 된 것은 전적으로 하나님의
은혜였다는 것 외에는 설명할 길이 없습니다.

> 너희는 그 은혜에 의하여 믿음으로 말미암아 구원을
> 받았으니 이것은 너희에게서 난 것이 아니요 하나님
> 의 선물이라. 행위에서 난 것이 아니니 이는 누구든
> 지 자랑하지 못하게 함이라. (에베소서 2:8-9)

구원은 천국 입장권을 확보한 것인가?

이러한 구원에 대한 이해는 종종 오해를 불러일으키곤 하였습니다. 어차피 우리가 구원을 받는 것은 하나님의 은혜로 받는 것이고 그저 믿음으로 구원을 얻는 것이라면, 우리는 아무렇게나 살아도 큰 문제가 없을 것이라고 생각하는 것입니다. 수련을 통해서 높은 경지에 올라가야만 구원을 받는 것이 아니라, 그저 믿기만 하면 구원을 얻는다면, 굳이 영적인 훈련을 할 필요가 없을 것이라는 논리입니다. 바다 한 가운데서 살아나는 것이 구조선에 의해 건짐을 받는 것을 통해서라면 굳이 수영연습을 할 필요가 없을 것이라는 논리입니다.

마치 축구장 입장권을 획득했다고 하면 축구 경기가 열리는 날 그 입장권을 가지고 들어가기만 하면 되는 것이지 굳이 다른 어떤 일을 하지 않아도 되는 것처럼, 우리가 예수님을 믿어서 구원을 얻는다면 천국 입장권을 획득한 것이고 따라서 아무렇게나 살아도 천국에서는 단순히 예수님을 믿느냐만 물어볼 테니까 천국 들어가는 것에 지장이 없을 것이라고 생각하곤 합니다. 하지만 이런 생각은 성경적으로 바른 생각이 아닙니다.

예수님을 믿는 것은 천국 입장권을 확보하는 것이라기보다는 영적으로 다시 태어나는 것에 비유할 수 있습니다. 예수님은 우리가 하나님 나라에 들어가려면, 다시 태어나야 한다고 말씀하셨습니다.

> 예수께서 대답하여 이르시되 진실로 진실로 네게 이르노니 사람이 거듭나지 아니하면 하나님의 나라를 볼 수 없느니라. (요한복음 3:3)

아기가 태어나면 태어나는 순간 100% 인간인 것과 마찬가지로, 우리는 예수님을 영접하면 새롭게 태어나는 것이고 구원받은 사람이 됩니다. 영원히 멸망 받을 사람과는 구별되는 새로운 사람으로 태어나는 것입니다. 그런 점에서는 우리는 천국 입장권을 가진 사람이라고 말할 수도 있습니다. 하지만 아기가 태어나면 그 상태로 그대로 있어도 되는 것이 아니라 점점 더 성장해 나가야 하는 것처럼, 우리는 영적으로 성장해야 하는 과제를 가지고 있습니다.

> 우리가 다 하나님의 아들을 믿는 것과 아는 일에 하나가 되어 온전한 사람을 이루어 그리스도의 장성한 분량이 충만한 데까지 이르리니 (에베소서 4:13)

예수님을 영접했다고 고백한 사람이 계속해서 의도적으로 죄를 짓는다면, 그 사람의 고백은 거짓일 가능성이 있습니다. 그런 사람은 영적으로 다시 태어나지 않은 영적으로 죽은 사람일 가능성이 있습니다. 아기가 태어나면 자동적으로 성장하게 되어 있기 때문입니다.

> 영혼 없는 몸이 죽은 것 같이 행함이 없는 믿음은 죽은 것이니라. (야고보서 2:26)

> 나더러 주여 주여 하는 자마다 다 천국에 들어갈 것이 아니요 다만 하늘에 계신 내 아버지의 뜻대로 행하는 자라야 들어가리라. 그 날에 많은 사람이 나더러 이르되, 주여 주여 우리가 주의 이름으로 선지자 노릇 하며 주의 이름으로 귀신을 쫓아 내며 주의 이름으로 많은 권능을 행하지 아니하였나이까 하리니, 그 때에 내가 그들에게 밝히 말하되 내가 너희를 도무지 알지 못하니 불법을 행하는 자들아 내게서 떠나가라 하리라. (마태복음 7:21-23)

물론 우리는 신앙생활을 하는 가운데 실수할 수 있고 죄를 범할 수도 있습니다. 우리가 하나님 앞에 서기 전까지는 여전히 성숙을 향해서 나아가는 것이지 완성된 사람들이 아니기 때문입니다. 하지만 예수님을 영접했다고 하면서 의도적으로 계속해서 악을 행하고 있다면 그 사람의 믿음은 가짜일 것입니다.

만일 우리가 실수를 하고 하나님의 뜻대로 살지 못하고 죄를 범한다면, 이를 슬퍼하면서 하나님께 죄를 용서해달라고 구하여야 하고, 다시는 죄악을 저지르지 않기 위한 결단이 있어야 합니다. 이러한 과정을 통해서 우리는 영적으로 성숙해져야 합니다.

> 만일 우리가 우리 죄를 자백하면 그는 미쁘시고 의로우사 우리 죄를 사하시며 우리를 모든 불의에서 깨끗하게 하실 것이요. (요한일서 1:9)

구원은 주님과의 사랑의 관계 속으로 들어가는 것

예수님을 믿는 것은 주님과 사랑의 관계 속으로 들어가는 것에 비유할 수도 있습니다. 예수님을 믿는 것은 단순히 천국 입장권을 구입하는 것에 비유할 수 없습니다. 더 정확한 비유는 예수님과 사랑의 관계 속으로 들어가는 것이고, 혼인 관계로 들어가는 것이라 할 수 있습니다.

어떤 남자가 한 여인을 사랑하게 되었습니다. 그래서 그 여인의 마음을 얻기 위해서 갖은 노력을 다했습니다.

그리고 청혼을 했습니다. 그러자 그 여인이 그 청혼을 받아들여서 약혼식까지 했습니다. 그러면 이제는 어떻게 해야 할까요? 어차피 나중에 결혼하게 될 것이니까, 이제는 이 여인에 전혀 신경을 쓰지 않고 마음대로 살아도 될까요? 한 사람과 사랑의 관계로 들어가게 되었다면, 그 다음 단계는 그 사랑의 관계를 누리는 것입니다.

바다 속의 물고기는 잡기 위해서 미끼를 주는 것이고, 잡은 후에는 그 물고기에게 미끼를 주지 않습니다. 하지만 아내는 청혼 승낙을 받아내기 위해서 온갖 노력을 하는 것이지만, 청혼 승낙을 받아 결혼하게 되었다면 더욱더 사랑하며 아끼고 살아야 하는 것이 옳습니다.

이와 마찬가지로 우리가 예수님을 영접했다면, 이제는 주님과 동행하는 삶을 살아야 합니다. 우리가 하나님 나라의 백성이 되었다면, 이제는 하나님 나라의 시민답게 살아가야 합니다. 예수님을 믿음으로 구원을 받게 되었으니, 더 이상 거룩하게 살 필요가 없다고 말하는 것은 잘못된 주장입니다.

하나님의 은혜로 구원을 얻었다면 이제는 그 하나님의 사랑 안에 머물면서 하나님과의 바른 관계 속에서 오는 풍성함을 누려야 합니다. 천국이란 바로 그 하나님의 통치 속에서 풍부함을 만끽하는 것이라고 할 수 있는데, 바로 이 세상에서 하나님과의 바른 관계를 유지해 나가면서 그 하나님의 풍부함을 미리 맛보는 것이 당연합니다.

교회는 영적인 성숙을 향해 함께 길을 걸어가는 사람들의 모임

교회는 예수님을 영접한 사람들이 함께 성숙을 향해 나아가는 공동체입니다. 교회의 존재 목적 가운데 아주 중요한 목적은 성도들이 함께 성숙을 추구하는 것입니다. 이 표현을 주목해 보면 좋겠습니다. 교회는 완벽하고 온전한 사람들이 모여 있는 곳이 아니라, 완벽하고 온전함을 추구하려는 사람들이 모인 공동체입니다. 그런 점에서 교회는 최강의 선수들이 모인 올림픽 선수촌이라기보다는 여러 가지 질병을 가진 사람들이 모여 있는 병원에 비유할 수 있습니다.

영국의 유명한 설교자였던 스펄젼(Charles H. Spurgeon, 1834-1892) 목사님에게 한 청년이 찾아왔습니다. 그 청년은 자신이 다녔던 교회에 대해서 불평을 늘어놓았습니다. 교회에 갔더니 성자들이 모인 것이 아니라 이기적이고 추한 사람들이 많이 모여 있었다는 사실에 충격을 받았고, 사랑이 넘치는 모습이 아닌 교회의 모습에 적지 않게 실망을 했다고 말했습니다. 그러면서 스펄젼 목사님께 부탁을 했습니다. 목사님은 많은 교회를 다녀보셨으니 정말 좋은 교회를 알고 계실 것 같은데, 그런 교회를 소개시켜주면 좋겠다고 했습니다. 하지만 그 말을 들은 스펄젼 목사님은 그 청년에게 자신도 아직까지 정말 좋은 교회를 찾지 못했다고 말했습니다. 그러면서 자네가 직접 찾아보고 그런 좋은 교회가 있으면 자신에게도 알려달라고 거꾸로 부탁했습니다.

실망해서 돌아가는 그 청년을 향해서 스펄젼 목사님은 다시 그 청년을 부르면서 말했습니다. "여보게 청년, 그런데 한 가지 더 부탁이 있다네." 그 청년이 그게 무엇이냐고 물었습니다. 그러자 스펄젼 목사님이 대답했습니다. "만일 그렇게 좋은 교회를 만나게 되거들랑, 제발 그 교회에 다니지 말게. 부탁이네." 청년은 깜짝 놀라서 스펄젼 목사님에게 물었습니다. "아니, 목사님, 제가 그런 교회를 찾고 있는데, 왜 그런 교회에 다니지 말라는 말입니까?" 그러자 스펄젼 목사님이 대답했습니다. "자네가 그 교회를 등록해서 다니는 순간, 그 교회는 더 이상 완벽한 교회가 될 수 없기 때문이네."

우리는 종종 교회의 모습을 보면서 실망을 하게 됩니

다. 교회는 세상과 조금 다를 줄 알았는데, 교회 안에도 더럽고 추한 모습이 그대로 있을 뿐 아니라, 이기적이고 탐욕스런 모습이 있고 교만한 모습이 있기 때문입니다.

하지만 우리가 인정해야 하는 것은 교회는 거룩하고 온전한 사람들이 모인 곳이 아니라는 점입니다. 이 세상에 그러한 교회는 단 한 곳도 없습니다. 만일 이 세상에 거룩하고 온전한 사람들이 모인 곳이 있을 수 있다면, 예수님께서 이 세상에 오셔서 우리들의 죄를 지고 십자가를 질 필요가 없었을 것입니다. 우리가 철저하게 도덕적으로 무능하고 타락한 존재이기 때문에 예수님께서 오셨습니다. 예수님은 거룩하고 온전하고 깨끗한 사람들을 부르러 오신 것이 아니라, 악하고 추한 사람들, 즉 영적인 환자들을 부르러 오셨습니다.

> 예수께서 대답하여 이르시되 건강한 자에게는 의사가 쓸 데 없고 병든 자에게라야 쓸 데 있나니 내가 의인을 부르러 온 것이 아니요 죄인을 불러 회개시키러 왔노라. (누가복음 5: 31-32)

교회는 기본적으로 영적으로 건강하지 못한 환자들이 모인 곳입니다. 아주 좋은 병원에는 건강한 사람들이 모여 있는 것이 아니라 온갖 종류의 환자들이 입원해 있는 것과 마찬가지입니다. 좋은 병원일수록 많은 환자가 몰려들 듯, 교회 안에는 영적으로 문제가 있는 사람들이 몰려들어야 마땅합니다. 그래서 교회 안에서는 아직 여전히 부족한 모습을 한 사람들을 만나게 됩니다.

교회라고 하는 병원에서는 영적인 치유가 일어나야 하고 일어나고 있다.

환자가 존재하는 것은 교회 안이나 교회 밖이나 똑같을 수 있습니다. 하지만 교회는 치유의 과정이 진행된다는 점에서 다릅니다. 교회는 영적인 의사인 예수님에게 나아와 자신들의 영적인 질병을 고침을 받는 과정을 시작한 사람들의 모임입니다.

교회 안에 있는 사람들은 모두가 다 환자입니다. 목사도 의사가 아니라 환자입니다. 장로도 집사도 권사도 모두 환자들이지 의사는 아닙니다. 교회에서의 유일한 의사는 참된 의사이신 예수님뿐입니다.

예수님께서 우리를 치료하시는 방법은 두 가지입니다. 첫째는 생명을 살리는 수술입니다. 원래 죄로 인하여 죽었던 우리들에게 예수님께서 자신의 피를 흘려서 우리에게 주셨고, 따라서 우리는 주님의 피를 수혈 받아 새로운 생명을 얻게 된 것입니다. 두 번째는 재활훈련입니다. 전에 죄로 인하여 완전히 영적인 장기들이 죽었었는데, 이제는 다시 하나님의 뜻을 행할 수 있도록 재활하는 훈련이 우리들에게 필요합니다. 이러한 재활훈련을 위해서 주님은 교회라는 공동체를 사용하십니다. 이인일조가 되어 재활훈련을 하듯이, 우리들은 함께 영적인 성숙이라는 목표를 향해서 같이 훈련하게 됩니다.

영적인 성숙이라는 목표는 혼자서는 달성할 수 없습니다. 반드시 공동체가 필요합니다. 그래서 우리들은 환자이면서 동시에 다른 환자들의 영적인 회복과 성숙을 도와주는 역할을 동시에 감당합니다. 신앙의 길은 쉽지 않은 길입니다. 그래서 우리들은 중도에 포기하기 쉽습니다. 우리의 대적이 우리를 넘어뜨리려고 호시탐탐 노리고 있기 때문에 위험하기까지 합니다.

> 좁은 문으로 들어가라 멸망으로 인도하는 문은 크고 그 길이 넓어 그리로 들어가는 자가 많고 생명으로 인도하는 문은 좁고 길이 협착하여 찾는 자가 적음이라. (마태복음 7:13-14)

> 근신하라. 깨어라. 너희 대적 마귀가 우는 사자 같이

두루 다니며 삼킬 자를 찾나니 (베드로전서 5:8)

따라서 우리는 이 신앙의 길을 혼자 걸어가는 것보다 함께 걷는 것이 중요합니다. 등산을 하는 도중에 포기하고 싶을 때, 다른 등산객들이 "조금만 더 가면 돼요" "산 정상은 정말 멋집니다."라는 말을 듣고 다시 힘을 내는 것처럼, 신앙의 길에도 동료가 필요합니다.

> 두 사람이 한 사람보다 나음은 그들이 수고함으로 좋은 상을 얻을 것임이라. 혹시 그들이 넘어지면 하나가 그 동무를 붙들어 일으키려니와 홀로 있어 넘어지고 붙들어 일으킬 자가 없는 자에게는 화가 있으리라. (전도서 4:9-10)

다른 사람의 영적인 회복을 도우면서 나도 영적인 회복을 경험한다.

우리 스스로가 아직 완벽하지 않은 상태이고 여전히 영적인 환자인데, 어떻게 다른 환자들의 영적인 건강이 회복될 수 있도록 도울 수 있을까요? 우리는 다른 사람들의 회복을 위해서 도움을 줄 수 있는 사람은 완벽한 사람만이 도움을 줄 수 있다고 생각하곤 합니다. 하지만 사실은 그렇지 않습니다. 아니 이 세상에 완벽한 사람은 존재하지 않습니다.

하지만 아직 어리고 미숙한 초보 아빠와 초보 엄마의 손에서 아기가 태어나고 자라듯 여전히 불완전한 우리들도 다른 사람의 영적인 회복을 도울 수 있습니다. 사실 우리의 영적인 회복과 성숙은 우리가 다른 사람들을 도와주는 것을 통해서 가능해집니다. 부모가 자녀들을 양육한다고 생각하면서 양육하지만, 사실 그런 양육을 하는 과정에서 부모도 성장해 나가는 것과 같습니다. 우리는 사랑을 하면서 사랑을 배울 수 있었고, 우리는 다른 사람들을 도우면서 더욱 많은 유익을 얻습니다.

다른 성도들이 영적으로 성숙하도록 돕는 것은 하나님의 뜻대로 살라고 권면하고 위로하고 사랑을 베푸는 것을 통해서입니다. 등산을 하는 도중에 누군가 더 이상 올라갈 수 없다고 포기하려면, 옆에서 고지가 멀지 않았다고 말하면서 조금만 힘을 내라고 격려합니다. 그러면 다시 힘을 내게 됩니다. 이와 마찬가지로 누군가 신앙생활을 하다가 낙담하려고 하면, 옆에서 격려하면서 그러지 말고 주님께 더욱 매달리라고 권면할 수 있습니다. 그런 권고의 소리가 큰 유익과 도움이 될 것입니다.

악한 일에는 동조하지 않고, 선하고 의로운 일에 격려

해주면서 신앙의 길을 가도록 서로가 돕고 협력할 수 있습니다. 우리는 같이 예배를 드리면서 혼자 예배하는 것보다 더 큰 힘과 위로를 얻습니다. 우리는 같이 찬양하면서 더욱 뜨거운 마음으로 찬양할 수 있습니다. 우리는 같이 봉사활동을 하면서 같이 기쁨을 누릴 수 있습니다.

형제를 돕는 방법

우리가 선생노릇을 해도 좋다는 뜻이 아닙니다. 성경은 우리가 선생노릇하면서 다른 사람들을 훈계하고 가르치는 것을 장려하지 않습니다.

> 내 형제들아 너희는 선생 된 우리가 더 큰 심판을 받을 줄 알고 선생이 많이 되지 말라. (야고보서 3:1)

부모가 자녀들을 향해서 왜 이렇게 살지 못하느냐고 핀잔을 주면, 자녀들이 오히려 더 절망의 늪에 빠지기 쉽습니다. 때로는 부모들에게 반발하기도 합니다. 의도는 좋지만 사실 그런 식의 훈육방법은 오히려 자녀들을 망치고야 말 것입니다.

이와 마찬가지로 영적으로 우리가 서로가 서로를 도울

때, 선생노릇을 하는 것처럼 한다면 오히려 더 나쁜 결과를 가져오게 될 것입니다. 현명한 부모라면, 자녀들이 실수하고 무슨 일을 그르칠 때, 그럼에도 불구하고 부모는 자녀를 믿으며 사랑하고 있다는 점을 보여줍니다. 그러면 자녀들이 다시 힘을 얻고 일어서게 됩니다. 이와 마찬가지로 우리 크리스천들은 다른 사람들의 잘못을 지적하고 훈계하는 방법을 사용하는 선생노릇을 하지 않아야 합니다. 하나님께서는 우리를 사랑하시며, 우리가 늘 실패할 수밖에 없기 때문에 예수님께서 이 세상에 오셔서 우리를 위해 십자가를 지셨다는 사실을 보이면서 함께 회개의 길로 가도록 해야 합니다.

뿐만 아니라 우리는 늘 겸손한 마음으로 동료 성도들을 대해야 합니다. 이에 대하여 빌립보서는 우리들에게 겸손한 마음으로 동료 환자들을 도우라고 권면하고 있습니다.

> 그러므로 그리스도 안에 무슨 권면이나 사랑의 무슨 위로나 성령의 무슨 교제나 긍휼이나 자비가 있거든 마음을 같이하여 같은 사랑을 가지고 뜻을 합하며 한마음을 품어 아무 일에든지 다툼이나 허영으로 하지 말고 오직 겸손한 마음으로 각각 자기보다 남을 낮게 여기고 각각 자기 일을 돌볼뿐더러 또한 각각

다른 사람들의 일을 돌보아 나의 기쁨을 충만하게
하라. (빌립보서 2:1-4)

교회의 구성원이 되는 것은 영적인 훈련을 받기 위해 입
소하는 것과 같다.

　교회는 영적인 훈련을 하는 곳이기도 합니다. 교회의
장로들은 성도들의 신앙적 훈련을 위해 돕는 역할을 하
게 되고, 권사들은 신앙적인 성숙을 위해 권고하고 격려
하는 역할을 합니다. 마치 하나의 대가족처럼 서로 돕게
됩니다.

　한 교회의 구성원이 된다는 것은 이러한 영적인 훈련
을 받는 시스템 속으로 편입되는 것을 의미합니다. 병원
에 입원하면 의사의 지시에 따라 치료를 받아야 하는 것
처럼, 한 교회의 구성원이 되는 것은 교회의 영적인 훈련
을 따르겠다고 동의한 것입니다. 교회는 주님의 가르침에
따라 치리(治理, discipline)와 훈계(訓戒, admonition)를
통해 성도들이 영적인 성숙을 향해 나아가도록 돕습니다.
이러한 일을 하는 교회의 기관은 당회(堂會)입니다.

　교인들이 선출한 교인들의 대표인 장로(長老)들의 모임

인 당회가 교회 성도들의 영적인 훈련을 담당합니다. 성도들끼리는 서로 사랑으로 권면하고 권고하고 격려하고 돌보는 일을 해서 성도들을 영적으로 성숙하게 만들지만, 당회는 성도들 가운데 잘못이 있을 경우에 치리하는 일, 즉 징계하는 일을 통하여 영적인 훈련을 하게 됩니다. 이러한 치리(治理, discipline)는 근신으로부터 수찬정지, 제명, 출교까지 포함합니다.

교회는 훈련을 받기로 결단한 사람들의 모임

교회는 이러한 당회의 치리를 받아들이는 성도들로 구성됩니다. 성경적인 기독교는 열려 있는 곳이기 때문에 누구든지 함께 참여하여 예배를 드리는 것을 환영합니다. 지나가는 나그네라 할지라도 같이 들어와 예배를 드린다면 기뻐할 것입니다. 또한 예배에 참석하는 분들이 여러 가지 봉사를 하거나 교회의 활동 등에 참여하는 것을 환영합니다.

하지만 교회의 정식 등록교인은 당회의 치리에 복종하고 받아들이겠다고 서약한 사람들만이 될 수 있습니다. 정식 등록교인이 되려면, (1) 예수님을 자신의 구주로 영접하여야 하고 (2) 교회에서 정한 교육과정을 이수해야 하고 (3) 본 교회에서 세례를 받거나 (이미 세례를 받은 교인인 경우에는) 교인들 앞에서 등록교인 서약식(또는 환영식)을 하여야 합니다. 이때 당회의 치리에 복종하겠다는 서약이 이루어져야 합니다. 이런 과정을 거친 분들이 정식 등록교인의 자격을 얻으며 교인총회에 참여할 권리도 부여받게 됩니다.

교회의 멤버로 받아들이는 절차를 세례(洗禮, baptism)라고 합니다. 교회는 예수님을 자신의 구주로 영접하고 받아들인 사람들을 멤버로 받아들입니다. 따라서 세례를 베풀기 전에 그 사람이 예수님을 자신의 구주로 받아들였는지 여부를 확인을 합니다. 따라서 기본적으로 믿음을 고백할 수 있는 사람만이 세례를 받을 수 있는 것이고, 교회의 정식 멤버가 될 수 있습니다. 그래서 침례교에서는 오직 스스로 자신의 신앙을 고백할 수 있는 성인들에게만 세례를 베풉니다.

하지만 장로교 전통에서는 유아들에게도 세례를 베풉니다. 이렇게 유아들에게 베푸는 세례를 유아세례(infant baptism)라고 합니다. 이렇게 유아들에게 세례를 베푸는 이유는 어린 아이들이라 할지라도 교회의 신앙적인 훈련의 범주 밖에 방치해 두지 않기 위해서입니다. 교회가 신앙의 훈련을 시키는 것은 오직 교회의 멤버들에게만 가능한 일이기 때문에 유아들을 유아세례를 통해 교인으로 받아들이는 것입니다.

학교에 입학하지도 않은 사람에게 학칙을 지키라고 할 수 없고 회사에 입사하지도 않은 사람에게 사규를 지키라고 할 수 없는 것과 마찬가지입니다. 아직 신앙을 고백할 줄 모르는 유아들에게도 유아세례를 주는 이유는 그들을 교회의 준 멤버로 받아들여서 그들을 영적으로 훈련시키기 위해서입니다. 물론 아무 유아나 교회의 멤버로 받아들이는 것이 아니라, 그 유아들을 영적으로 양육하겠다고 부모들이 서약하는 경우에 받아들이는 것입니다. 유아세례를 받은 유아들은 교회가 신앙적인 지도를 할 수 있게 됩니다. 물론 자녀들의 신앙에 대한 일차적인 책임이 부모에게 있지만, 온 교회가 유아들을 방치하지 않고 영적으로 훈련시키기 위해서 유아세례를 주는 것입니다.

교회에서 만나게 되는 뜻밖의 사람들

우리는 교회 안에서 뜻밖의 사람들을 만날 수 있습니다. 교회 안에는 영적인 순례의 길을 걷기 위해 들어온 사람들만 있는 것이 아니라, 여러 가지 다른 목적을 가지고 들어온 사람들도 있을 수 있습니다. 화폐의 가치가 있기 때문에 위조지폐가 존재하는 것처럼, 교회 안에도 가짜 성도들이 있을 수 있습니다. 그런데 이러한 가짜 성도는 구별하는 것이 쉽지 않습니다. 심지어 거짓 선지자가 있을 수도 있습니다.

> 거짓 선지자들을 삼가라 양의 옷을 입고 너희에게 나아오나 속에는 노략질하는 이리라. (마태복음 7:15)

의도적으로 순진한 성도들에게 사기를 치기 위해서 들어온 사람이 있을 수 있습니다. 장사를 하기 위한 목적으로, 정치적인 목적을 달성하기 위한 목적으로 등등 여러 가지 세속적인 목적을 가지고 교회 안에 들어오는 사람들이 있을 수 있습니다. 그래서 조심해야 합니다.

교회 안에서 홀로 외롭게 있지 말고 적극적으로 참여해야

교회 안의 소그룹에 참여하십시오. 요즘은 교회가 대형화되어 갑니다. 이것은 시대가 변하면서 발생하는 어쩔

수 없는 현상입니다. 하지만 교회의 본래의 목적을 위해서는 대중속의 고독의 상태로 있어서는 안 됩니다. 대형 교회 속에서 고독의 상태로 있다면 교회의 존재 목적인 영적인 훈련을 받지 못하는 결과를 초래하게 됩니다. 따라서 교회의 다양한 소그룹 활동을 하면서 영적인 훈련에 참여해야 합니다.

철이 철을 날카롭게 하듯, 우리는 교인들과 함께 하면서 신앙적인 성숙을 훈련하게 됩니다. 성도들은 믿음의 길을 가는데 함께 힘이 되어줄 동료입니다. 내가 도움을 주기도 하고, 내가 도움을 받기도 합니다. 그런데 이렇게 신앙적인 도움을 주는 것은 누군가가 더 영적으로 뛰어난 사람이기 때문이 아닙니다. 인간은 단 한 사람도 예외 없이 철저히 타락한 존재입니다. 그래서 예수님께서 이 세상에 오셔야 했고, 우리의 죄를 용서하시기 위해서 십자가를 져야만 했습니다. 그래서 다른 사람들이 넘어졌을 때 도와줄 수 있는 것은 나는 넘어지지 않았기 때문이 아닙니다. 오히려 나도 넘어질 수 있는 연약한 사람임을 인정해야 합니다. 그리고 그렇게 넘어질 수밖에 없는 우리를 위해서 십자가를 지신 예수님을 바라보아야 합니다. 하나님의 은혜를 기억해야 합니다.

성경을 배우는 일에 힘써야

교회 공동체 안에서 성경을 배우는 일에 참여하십시오. 아이가 성장하기 위해서 배움이 필수인 것처럼, 우리의 신앙의 성장을 위해서도 성경을 배우는 것이 필수입니다. 교회에서 제공하는 각종 훈련 프로그램에 참여하십시오. 무엇보다도 정기적인 예배에 참여하십시오. 그리고 교회에서 제공되는 성경공부 프로그램에 참여하십시오. 이런 배움을 통해서 하나님을 더욱 더 잘 알아갈 수 있기 때문입니다.

하지만 교회 밖에서 이루어지는 성경공부에는 무분별하게 참여해서는 안 됩니다. 거짓 선지자들이 많이 있기 때문입니다. 혹시 교회 밖의 성경공부에 참여하기를 원한다면 교역자들에게 먼저 문의를 해보는 것이 좋습니다.

그러나 무엇보다도 중요한 것은 개인적으로 성경을 꾸준히 읽고 묵상하는 일입니다. 하나님께서는 오늘도 우리들에게 성경을 통하여 말씀하시기를 원하십니다. 그 말씀을 묵상하게 될 때에 우리는 보다 더 친밀한 하나님과의 교제 속으로 들어갈 수 있습니다.

내가 가진 은사를 활용하여 다른 사람들을 온전하게 하는 일에 참여해야

교회 안에서 여러 가지 봉사하는 일에 참여하십시오. 봉사하는 활동을 통해서 우리의 신앙의 훈련을 경험하게 될 것이기 때문입니다. 교회는 우리가 식당에 가서 맛있는 음식을 주문해서 먹는 것과는 다릅니다. 식당은 손님으로 가는 것이지만, 교회는 우리가 구성원입니다.

교회에서는 영적인 서비스를 받는 손님의 입장이어서는 안 됩니다. 우리는 영적인 가족 공동체라고 할 수 있는 교회의 구성원으로서, 교회의 여러 가지 사역에 우리가 직접 참여하여야 하는 것입니다. 봉사는 억지로 하거나 남에게 보이기 위해서가 아니라, 오직 하나님 앞에서 겸손하게 해야 합니다.

사람에게 보이려고 그들 앞에서 너희 의를 행하지 않도록 주의하라 그리하지 아니하면 하늘에 계신 너희 아버지께 상을 받지 못하느니라. (마태복음 6:1)

여러분은 서로 짐을 짐으로써 그리스도의 사랑의 법을 실천하십시오. 아무것도 아니면서 대단한 사람이나 되는 것처럼 생각한다면 그것은 자기를 속이는 것입니다. 각자 자기 행위를 살피십시오. 그러면 남과 비교하지 않고도 자기 자신이 한 일을 자랑스럽게 여길 수 있을 것입니다. 사람은 누구나 자기 자신의 짐을 져야 합니다. (갈라디아서 6:2-5 현대인의 성경)

복음의 기쁜 소식을 다른 사람들에게도 알려주어야

내가 알고 있는 복음을 다른 사람들에게도 나누십시오. 우리가 깨달은 것은 다른 사람들에게도 알려주어야 합니다. 예수님을 소개하는 것은 내가 완전하지 않아도 할 수 있는 일입니다. 마치 음식을 잘 할 줄 모른다고 해도, 맛있는 음식점을 발견했다면 친구들에게 음식점을 소개할 수 있는 것과 같습니다. 요리법을 알려주기 위해서는 내가 요리의 대가여야만 가능한 일이지만, 음식점을 소개하는 것은 내가 요리를 전혀 하지 못해도 할 수 있는 일입니다.

이 세상에는 엉뚱하게도 비움의 방법을 통해서 또는 채움의 방법을 통해서 문제를 해결해보려고 하는 사람들이 많습니다. 그것이 불가능하다는 사실을 알지도 못한 채 말입니다. 여기에 기쁜 소식이 있습니다. 하나님께서 우리들을 사랑하신다는 놀라운 소식이고, 예수님께서 우리를 위해 십자가를 지셨다는 놀라운 소식입니다. 그 소식을 듣는 자마다 기뻐할 것입니다.

❏ 생각해볼 문제

1. 예수님을 믿음으로 구원을 얻는 것이지만, 그럼에도 불구하고 우리가 거룩하게 살아가야 할 이유가 무엇인지 설명해 보십시오.

2. 우리의 영적인 성숙을 위해서 만든 기관은 무엇입니까? 그리고 그 기관을 통해서 어떻게 영적인 성숙의 훈련을 할 수 있습니까? 이야기해 보십시오.

3. 교회가 올림픽 선수촌이라기보다는 병원이라는 점에 대해서 느낀 바를 이야기해 보십시오.

4. 나는 어떻게 다른 사람의 영적인 회복과 성숙을 도와줄 수 있을 것인지 이야기해 보십시오.

성령님에 이끌려 사는 삶
Life driven by the Holy Spirit

제4강

❑ 마음 열기

1. 삼위일체(三位一體, trinity) 하나님에 대해서 들어보셨
   나요? 삼위일체 하나님에 대하여 알고 있는 대로 이야
   기해 보십시오.

2. 예수님을 믿음으로 구원을 받는 것일까요? 아니면 예
   수님을 믿은 후에 어떤 신비한 체험, 즉 성령의 체험
   이 있어야만 되는 것일까요? 알고 있는 대로 이야기해
   보십시오.

3. 내가 하나님의 자녀가 되었음을 우리는 어떻게 확신할
   수 있을까요?

4. 하나님의 뜻은 어떻게 발견할 수 있을까요? 무슨 일을 결정할 때 무엇에 따라서 결정하고 있습니까?

□ 성령님에 이끌려 사는 삶

내 안에 있는 이중적인 욕구

사람의 마음은 항상 이중적입니다. 한편으로는 다이어트를 해서 살을 빼고 싶은 마음이 있으면서도, 또 한편으로는 맛있는 음식을 배불리 먹고 싶은 욕망이 있습니다. 그래서 언제나 우리의 다이어트는 실패하기 마련입니다. 학생들에게는 공부를 잘해서 우수한 성적을 거두고 싶고 그래서 앞으로 훌륭한 사람이 되고 싶은 욕망이 있습니다. 하지만 동시에 쉬고 싶고, 자고 싶고, 친구들과 게임도 하고 놀고 싶은 욕망도 동시에 가지고 있습니다. 그래서 성적을 올리는 것은 쉽지 않습니다.

우리는 변화를 갈망합니다. 현재와 같은 삶을 살고 싶

지는 않습니다. 좀더 삶이 나아졌으면 좋겠고, 변화된 삶을 살고 싶은 욕망이 있습니다. 하지만 동시에 우리들의 마음에는 익숙해진 현재의 삶에서 눈곱만큼도 달라지는 것을 거부하려는 욕망이 있습니다. 그래서 언제나 변화는 불발되는 것이고, 언제나 결심은 3일을 넘기지 못합니다.

우리의 신앙생활도 마찬가지입니다. 우리는 하나님의 뜻대로 순종하려는 마음이 있습니다. 하나님께서 우리에게 주시는 명령이란 우리의 영적인 유익을 위한 것입니다. 우리를 힘들게 하기 위해서 주시는 명령이 아니라, 우리의 영적인 복지를 위해서 주시는 것입니다. 그래서 한편으로 우리는 하나님의 뜻에 순종하면서 신앙적이고 영적인 삶을 살기를 소망합니다. 하지만 동시에 우리들의 마음속 깊은 곳에서부터 하나님의 명령을 거부하고자 하는 성향이 있습니다. 하나님의 명령을 싫어하고 거부하는 마음이 있습니다. 마치 어린아이들과 같은 마음입니다.

어린아이에게 어머니가 말합니다. 잠자기 전에 양치를 하고 자거라. 하지만 어린아이는 그게 싫습니다. 양치를 하지 않고 잠을 자고 싶은 것입니다. 어머니는 아이를 사랑하기 때문에 억지로라도 양치를 시키려고 하지만, 아이의 반발은 거셉니다. 이런 어린아이와 같이 우리들은 하나님의 말씀을 싫어하는 본성이 있습니다. 그래서 하나님의 뜻에 순종하는 것을 싫어하기도 합니다. 물론 다른 한편으로는 하나님의 말씀에 순종하고 싶은 마음도 있습니다. 그래서 우리의 마음은 이중적입니다.

이런 이중적인 마음으로 갈등하고 있는 우리에게 성경은 "성령을 따라 행하라"고 권고하고 있습니다. 우리의 마음에는 육체의 소욕을 따르려는 마음도 있고, 반대로 성령의 뜻대로 행하고자 하는 마음도 있습니다. 그리고 이 상반된 욕구가 안에서 갈등을 일으킵니다. 이때 우리는 성령의 소욕을 따라야 합니다.

> 내가 이르노니 너희는 성령을 따라 행하라. 그리하면 육체의 욕심을 이루지 아니하리라. 육체의 소욕은 성령을 거스르고 성령은 육체를 거스르나니 이 둘이 서로 대적함으로 너희가 원하는 것을 하지 못하게 하려 함이니라. (갈라디아서 5:16-17)

성령님은 누구이신가? 삼위일체가 도대체 뭐지?

성경에서는 하나님이 세 분(三位, trinity)으로 존재한다고 가르칩니다. 즉 성부(聖父) 하나님, 즉 아버지이신 하나님과 성자(聖子) 하나님, 즉 아들이신 하나님(=예수님)

과 성령(聖靈) 하나님, 즉 영(Spirit)이신 하나님으로 존재
한다고 가르칩니다.

> 그러므로 너희는 가서 모든 민족을 제자로 삼아 아
> 버지와 아들과 성령의 이름으로 세례를 베풀고 내가
> 너희에게 분부한 모든 것을 가르쳐 지키게 하라. 볼
> 지어다. 내가 세상 끝날까지 너희와 항상 함께 있으
> 리라 하시니라. (마태복음 28:19 -20)

> 주 예수 그리스도의 은혜와 하나님의 사랑과 성령의
> 교통하심이 너희 무리와 함께 있을지어다. (고린도후
> 서 13:13)

성령님은 단순히 어떤 능력이 아니라, 성부 하나님 또
는 성자 예수님과 같은 독립적이고 인격적인 존재입니다.
그래서 세 분(三位)의 이름으로 세례를 베풀 것을 가르치
고 있고, 동시에 세 분(三位)의 이름으로 복을 기원하기
도 하는 것입니다.

삼위일체(三位一體)라는 한자말에서 위(位)라는 한자는
"한 분, 두 분, 세 분" 이런 식으로 사람들의 숫자를 셀
때 사용하는 한자어입니다. 한 분은 일위(一位)라 하고,
두 분은 양위(兩位)라 하고, 세 분은 삼위(三位)라고 합
니다. 여러분이란 말은 "모두 제"라는 글자를 사용하여

제위(諸位)라고 합니다. 안타깝게도 이러한 한자표현을 오늘날 사람들은 잘 모릅니다. 하나님이 세 분으로 존재한다는 의미에서 "삼위(三位)"라고 하고, 그 세 분이 각각 다르거나 차등이 있는 것이 아니라 하나라는 의미에서 "일체(一體)"라고 표현하는 것입니다.

영어로는 God in three persons라고 표현합니다. 찬송가 8장 "거룩 거룩 거룩 전능하신 주님"에 보면, 1, 4절 마지막 가사가 "성삼위일체 우리 주로다"로 되어 있는데, 영어 원문으로는 "God in three Persons, blessed Trinity"입니다.

성령님께서 하시는 일

삼위일체 하나님 가운데 한 분이신 성령 하나님께서는 우리들의 심령에 하나님의 말씀을 일깨워주십니다.

> 보혜사 곧 아버지께서 내 이름으로 보내실 성령 그가 너희에게 모든 것을 가르치고 내가 너희에게 말한 모든 것을 생각나게 하리라. (요한복음 14:26)

성령 하나님께서는 우리가 하나님의 뜻대로 살아가도록 우리의 심령을 두드리십니다. 요한복음 14:26에서 기록하고 있는 것처럼, 주님의 뜻이 무엇인지 생각나게 하십니다. 그래서 우리가 성령님의 음성에 귀를 기울이고 그 인도하심을 따르게 된다면, 우리는 하나님께서 기뻐하시는 삶을 살 수 있을 것입니다.

이러한 성령님의 인도하심을 쉽게 이해하자면 "양심(conscience)의 소리"라고 할 수 있습니다. 사람들은 누가 가르쳐주지 않았는데도 잘못을 하려고 하면 양심의 가책을 느끼게 됩니다. 이러한 현상이 나타나는 것은 하나님께서 사람을 하나님의 형상으로 창조하셨기 때문에 사람의 마음에 하나님을 아는 지식이 남아 있기 때문이라고 할 수 있습니다. 뿐만 아니라 여전히 지금도 성령님께서 사람들에게 하나님의 선하신 뜻대로 살 것을 촉구하시기에 사람들은 양심의 가책을 느끼게 됩니다.

그런데 사람들은 그러한 양심의 소리가 들려질 때에 억지로 억눌러서 그 소리를 죽입니다. 그렇게 자꾸 양심의 소리를 죽이면, 결국 양심이 화인(火印) 맞은 것 같은 상태가 됩니다. 불에 덴 피부는 더 이상 느낌을 느낄 수 없듯이, 계속해서 양심을 짓눌러버리면 화인을 맞은 상태가 되어 결국 더 이상 양심의 소리를 듣지 못하게 되고, 더욱 악을 담대하게 행하게 됩니다.

불신자의 삶이 양심의 소리를 애써 외면하는 삶이라고

한다면, 성도의 삶은 양심의 소리에 귀를 기울이고 우리를 향해서 들려주시는 성령님의 음성에 따라 사는 삶이라고 할 수 있습니다. 당신은 성령님의 음성에 귀를 기울이며 그 성령님의 인도하심에 따라 삶을 살기를 원하십니까? 만일 당신이 하나님의 자녀라고 한다면 사탄의 음성을 듣는 것보다 성령님의 음성을 듣고 살기를 소원할 것입니다. 비록 종종 실패하더라도 말입니다.

성령님의 음성인지 어떻게 알 수 있을까?

성령님의 음성은 어떻게 구별할 수 있을까요? 적어도 신앙생활을 하기 원하는 사람이라면, 성령님의 인도하심에 따라 살고 싶은 마음이 있습니다. 문제는 어떻게 무엇이 성령님의 음성이라고 확신할 수 있을까 하는 것입니다. 과연 성령님의 음성은 어떻게 구별할 수 있을까요?

많은 사람들이 성령님의 인도하심은 어떤 초자연적인 현상으로 나타난다고 생각하곤 합니다. 예를 들어, 알 수 없는 이상한 말로 지껄이게 되는 것 같은 방언이라는 현상이 나타나거나, 신비한 황홀경의 체험 등을 통해서 하나님과의 신비한 만남을 통해서 인도하심을 받는 것이라고 생각하곤 합니다. 그래서 기도를 하는 가운데 갑자기 몸에 이상이 생기면서 신비한 체험을 하는 것을 말하기도 하고, 꿈을 꾸는데 아주 생생하고 이상한 신비한 체험을 하면서 꿈속에서 무엇인가 해야 할 일을 지시받기도 하며, 아니면 내가 의도적으로 생각해낸 것은 아닌데 무엇인가 뇌리에 스치는 메시지를 받게 되는 것 같은 현상을 체험하면 성령님의 역사를 체험한 것이라고 생각하곤 합니다.

하지만 이러한 생각은 아주 위험한 생각입니다. 우리의 신앙생활을 개인의 아주 주관적일 수밖에 없는 신비적 체험에 의존하게 만들기 때문입니다. 우리 주변에서 이러한 경험을 했다고 말하는 경우가 많이 있습니다. 특히 교회에서 그런 경험들을 소개하는 경우도 많이 있습니다. 이러한 신비적 체험이 기독교가 진짜임을 보여주는 것으로 이용되기도 합니다. 하지만 이러한 신비적 체험을 강조하고 추구하는 것은 건전하지 않습니다. 성경에서 가르치고 있는 성령님의 인도하심을 오해하게 만들 가능성이 많이 있습니다.

그 이유는 다음과 같습니다. 첫째, 사람들이 체험했다고 하는 신비적 체험들이 정말 성령님의 역사인지 객관적으로 확인할 수 없습니다. 심하게는 거짓말로 꾸며서 말하는 경우도 있을 뿐만 아니라, 실제로 그러한 체험을 했다고 하더라도 그러한 체험이 정말 성령님의 역사인지 객관적으로 타당한 방법으로 확인할 수 없는 것이 문제입니다. 성경에서는 거짓 예언가들 또는 거짓 신비 체험자들에 대해서 언급하고 있습니다. 이집트의 마술사들이 마술로 신비한 기적을 일으키기도 했고, 거짓 선지자들이 신비한 일들을 행한다 할지라도 그들의 말을 믿고 따르면 안 된다고 경고하고 있으며, 귀신을 쫓아내고 권능을 행할 수도 있지만 사실은 거짓 사역자일 뿐일 수 있다는 점을 성경은 분명히 밝히고 있습니다.

> 너희 중에 선지자나 꿈 꾸는 자가 일어나서 이적과 기사를 네게 보이고 그가 네게 말한 그 이적과 기사가 이루어지고 너희가 알지 못하던 다른 신들을 우리가 따라 섬기자고 말할지라도 너는 그 선지자나 꿈 꾸는 자의 말을 청종하지 말라. (신명기 13:1-3)

> 그 날에 많은 사람이 나더러 이르되 주여 주여 우리가 주의 이름으로 선지자 노릇 하며 주의 이름으로 귀신을 쫓아 내며 주의 이름으로 많은 권능을 행하지 아니하였나이까 하리니 그 때에 내가 그들에게 밝히 말하되 내가 너희를 도무지 알지 못하니 불법을 행하는 자들아 내게서 떠나가라 하리라. (마태복

음 7:22-23)

우리가 신비한 체험을 중심으로 신앙생활을 추구하는 것이 바람직하지 않은 두 번째 이유는 이미 하나님께서는 우리에게 확실한 하나님의 말씀인 성경을 주셨기 때문입니다. 그 성경 외에 다른 것을 추가하는 것은 성경에서 엄격하게 금하고 있습니다. 성경만이 최고의 기준이 되고, 그 외의 다른 모든 것들은 성경에 의해 판단을 받아야 하는 것들입니다.

> 내가 이 두루마리의 예언의 말씀을 듣는 모든 사람에게 증언하노니 만일 누구든지 이것들 외에 더하면 하나님이 이 두루마리에 기록된 재앙들을 그에게 더하실 것이요. 만일 누구든지 이 두루마리의 예언의 말씀에서 제하여 버리면 하나님이 이 두루마리에 기록된 생명나무와 및 거룩한 성에 참여함을 제하여 버리시리라. (요한계시록 22:18-19)

신비한 방식이 아니라 하나님의 말씀을 생각나게 하시는 방법으로

성령님의 인도하심은 신비적 체험을 일으키는 방식일

것이라고 생각하지 마십시오. 성령님의 인도하심은 이미 사람들의 마음속에서 시작되었습니다. 보이지 않는 것처럼 시작됩니다.

> 바람이 임의로 불매 네가 그 소리는 들어도 어디서 와서 어디로 가는지 알지 못하나니 성령으로 난 사람도 다 그러하니라. (요한복음 3:8)

사람들은 무엇인가 우리들의 눈을 사로잡을만한 급격한 변화를 기대합니다. 성령님의 인도하심도 갑작스럽고 주체할 수 없는 어떤 강한 파워를 동반한 것이라고 기대하곤 합니다. 하지만 예수님께서는 성령님의 역사를 감지하기 어려울 수 있다고 가르치셨습니다. 마치 바람이 부는 것 같은데 어디서 와서 어디로 가는지 알지 못하는 것처럼, 성령님의 역사도 이와 비슷할 것이라고 하십니다.

이러한 성령님의 역사는 하나님의 나라(천국)가 도래하는 것과 비슷합니다. 사람들은 하나님의 나라(천국)가 엄청난 파워를 가지고 세상을 흔들면서 도래할 것이라고 기대했습니다. 하지만 예수님은 하나님의 나라(천국)가 오는 것은 마치 겨자씨 한 알처럼 작은 모습으로 오는 것이며, 마치 누룩처럼 보이지 않는 미약한 모습으로 오는 것이라고 가르치셨습니다.

> 또 비유를 들어 이르시되 천국은 마치 사람이 자기
> 밭에 갖다 심은 겨자씨 한 알 같으니 이는 모든 씨
> 보다 작은 것이로되 자란 후에는 풀보다 커서 나무
> 가 되매 공중의 새들이 와서 그 가지에 깃들이느니
> 라. 또 비유로 말씀하시되 천국은 마치 여자가 가루
> 서 말 속에 갖다 넣어 전부 부풀게 한 누룩과 같으
> 니라. (마태복음 13:31- 33)

성령님의 역사는 미미한 것처럼 보이고 사람들이 잘
느낄 수도 없을 것이지만, 결국 그 사람을 완전히 바꾸어
버릴 것입니다. 성령님의 인도하심은 이미 우리들 속에서
시작되었습니다. 우리가 예수님을 마음으로 영접하게 된
것도 성령님께서 하신 일입니다. 우리의 마음을 열어서
예수님을 믿음으로 받아들이고 예수님을 주님으로 고백하
게 만든 것입니다. 어떤 사람은 친구들의 소개로 예수님
을 믿게 되었고, 어떤 사람은 신앙을 가진 부모 밑에서
자라면서 자연스럽게 예수님을 믿게 되었고, 어떤 사람은
왠지 모르게 교회에 오고 싶은 마음이 들어서 교회로 오
게 되고 신앙을 갖게 되었을 수 있습니다. 어떤 방식이든
지 여기에는 성령님께서 역사하신 결과입니다.

그러므로 내가 너희에게 알리노니 하나님의 영으로 말하는 자는 누구든지 예수를 저주할 자라 하지 아니하고 또 성령으로 아니하고는 누구든지 예수를 주시라 할 수 없느니라. (고린도전서 12:3)

예수께서 대답하시되 진실로 진실로 네게 이르노니 사람이 물과 성령으로 나지 아니하면 하나님의 나라에 들어갈 수 없느니라. (요한복음 3:5)

믿음의 길로 들어가게 된 것은 전적으로 성령 하나님의 역사입니다. 성령님께서 역사하셨기 때문에 우리는 영적으로 다시 태어나게 된 것이고, 하나님 나라의 백성이 된 것입니다.

많은 사람들이 예수님을 믿는 것으로는 충분하지 않고, 이제는 신비한 성령의 체험이 있어야 한다고 주장하곤 합니다. 하지만 이러한 주장은 성경적으로 볼 때 옳지 않습니다. 무엇보다도 성경은 예수님을 믿고 구원을 얻는 것이 성령님의 역사하심에 의한 것이라고 가르칩니다. 따라서 또 다른 성령의 역사가 있어야 한다는 주장은 옳지 않습니다. 예수 그리스도를 나의 주로 영접하고 믿음으로 고백할 수 있다면 충분합니다.

성령님께서는 우리로 하여금 하나님의 말씀이 무엇인

지 생각나게 하시고 그 말씀에 순종하도록 촉구하십니다. 우리가 성령님의 인도하심에 귀를 기울여 하나님의 뜻이 무엇인지 분별해 나가야 합니다.

하나님의 선하시고 온전하신 뜻이 무엇인지 분별해야

성령님으로 인하여 우리가 영적으로 다시 태어나 예수님을 주님으로 고백하는 하나님의 자녀가 되었다고 한다면, 이제는 우리가 더욱 성령님의 인도하심에 따라서 살아가야 합니다. 성령님의 인도하심을 따라서 사는 것은 어떤 신비한 체험을 통해 신비한 음성을 들으면서 그 지시대로 따라 움직여야 한다는 것을 의미하지 않습니다. 오히려 성령님의 인도하심에 따라 사는 것은 하나님의 뜻이 무엇인가를 분별하면서 그 뜻대로 살아가는 것을 의미합니다. 삼위일체이신 성령 하나님께서는 성부 하나님의 뜻을 우리들이 순종하며 살기를 원하십니다.

성도들이 어떤 특별한 신비적 체험을 하기 전까지는 아무런 성령님의 역사가 없는 것이 아닙니다. 성령님의 역사는 항상 있습니다. 성령님께서 우리들의 마음의 문을 두드리시면서 하나님의 뜻에 따라 순종하며 살 것을 바라고 계십니다. 그때 우리는 마음의 문을 열고 성령님께서 우리들의 마음에 들려주시는 세미한 음성에 따라서 순종하며 살아야 합니다. 그런데 우리들의 마음에는 사탄의 음성도 동시에 들리게 되어 있습니다. 이러한 사탄의 음석을 육체의 소욕이라고 표현하기도 합니다. 이 때 우리는 주님의 뜻에 순종하는 결단을 하면서 살아야 합니다.

> 너희는 이 세대를 본받지 말고 오직 마음을 새롭게 함으로 변화를 받아 하나님의 선하시고 기뻐하시고 온전하신 뜻이 무엇인지 분별하도록 하라. (로마서 12:2)

> 너희 안에서 행하시는 이는 하나님이시니 자기의 기쁘신 뜻을 위하여 너희에게 소원을 두고 행하게 하시나니 모든 일을 원망과 시비가 없이 하라. (빌립보서 2:13-14)

우리 안에서 하나님께서 행하십니다. 그 하나님을 구체적으로 우리는 성령 하나님이라고 부릅니다. 성령 하나님께서는 우리로 하여금 하나님의 기쁘신 뜻에 따라 행하도록 하는 소원을 주십니다. 그런 소원에 따라 우리가 행해야 할 것입니다.

하지만 우리가 하나님의 뜻대로 행하지 않는다면, 성령님께서 근심할 것입니다. 마치 자녀들이 잘못된 길로 걸어갈 때, 부모의 마음이 상하게 되는 것처럼 말입니다. 따라서 우리는 하나님을 기쁘시게 할 만한 일들을 해야 합니다. 철저하게 하나님의 뜻이 무엇인지 분별하면서 말입니다.

성경을 묵상할 때 하나님의 뜻을 발견할 수 있다.

성령님께서 인도하시는 뜻인지 아닌지 어떻게 알 수 있을까요? 성령님께서 꿈속에 나타나서 성령님의 뜻을 알려 주실까요? 성경에 보면 하나님께서 꿈을 비롯하여 여러 가지 방법을 통해 구체적으로 어떤 일들에 대한 지시를 하신 적이 있습니다. 하지만 이미 성경이 완성된 이 시점에 하나님께서는 온전한 하나님의 뜻이 계시된 성경 말씀을 우리에게 주셨기 때문에 우리는 성경을 묵상함으로써 하나님의 뜻을 발견할 수 있습니다.

전혀 성경을 묵상하지 않은 사람들이라 할지라도 무엇이 옳은 일이며 무엇이 악한 일인지에 대한 감각이 있습니다. 이미 사람들의 마음에 양심이라는 것이 있기 때문입니다. 이와 비슷하게 우리의 마음속에서 우리는 본성적으로 무엇이 하나님의 뜻에 부합하는 것인지 어느 정도 알 수 있습니다. 하지만 더욱 구체적인 하나님의 뜻은 우리가 성경을 깊이 묵상할 때에 비로소 알 수 있습니다. 따라서 성경말씀을 깊이 묵상하는 훈련을 통해서 우리는 성령님의 인도하심을 더욱 잘 받을 수 있습니다.

성령님의 인도하심을 받기 위해서는 날마다 하나님의 말씀인 성경을 묵상해야 합니다. 하나님의 말씀을 진지하게 묵상하는 일을 게을리 한다면 우리는 실제적으로 성령님께서 인도하시는 것을 체험하기 어렵습니다. 우리의 마음속에서 육체의 소욕이 일어나게 될 때 그것을 분간하기도 어렵습니다. 하나님의 말씀을 통해서 거룩한 것이 무엇이고 하나님께서 원하시는 것이 무엇인지를 분별하지 못한다면, 우리는 성령님께서 우리를 정결하게 하시는 것을 놓칠 수 있습니다.

> 너희 중에 이와 같은 자들이 있더니 주 예수 그리스도의 이름과 우리 하나님의 성령 안에서 씻음과 거룩함과 의롭다하심을 받았느니라. (고린도전서 6:11)

우리가 하나님의 말씀을 읽고 묵상할 때 성령님은 우리가 그 말씀을 깨닫도록 도움을 주십니다. 그리고 우리가 회개하도록 인도하십니다.

성령님의 인도하심은 많은 경우에 주관적일 수밖에 없습니다. 따라서 과연 이것이 성령님께서 우리에게 주시는 마음인지 아니면 나의 욕심인지 따져보아야 합니다. 하나님의 말씀을 깊이 묵상하고 사랑해온 사람이라면 쉽게 무엇이 성령님의 인도하심인지 알 수 있습니다. 오랫동안 같이 친하게 지낸 친구는 무엇이라고 구체적으로 말하지 않아도 친구가 원하는 것이 무엇인지 알 수 있는 것처럼 말입니다.

손 없는 이사 날짜를 알 수 있을까? 천생연분 배필을 찾아주실까?

사람들은 이사를 하려고 할 때 손 없는 날이 언제인가를 따집니다. 혹시라도 손 있는 날에 이사했다가 재앙을 당하는 것을 피하고 싶은 마음에서입니다. 결혼을 할 때에도 손 있는 날과 손 없는 날을 따집니다. 누구와 결혼할 것인가를 결정할 때에도 사주와 팔자를 보면서 궁합이 잘 맞는지 맞지 않는지를 보려고 합니다. 이러한 모든 것이 다 미신(迷信, superstition)이지만 굳이 미신에 경도 되어 있지 않은 사람이라 할지라도 손 있는 날을 피하려 하거나 궁합이 맞지 않는 사람을 피하려고 합니다.

그런데 이러한 생각이 가지고 있는 전제가 있습니다. 그것은 바로 시간이든 장소이든 좋은 것과 나쁜 것이 있을 것이라는 전제입니다. 그래서 나쁜 것은 피해야 하고 좋은 것을 선택해야 한다고 생각하는 것입니다. 만일 결혼이 실패했다면 그 이유가 무엇일까요? 미신적인 관점에서 보면 그것은 순전히 잘못된 배우자를 선택했기 때문입니다. 만일 궁합이 잘 맞는 배우자를 선택했더라면 결혼이 실패하지 않았을 것이라고 생각하는 것입니다. 만일 사업이 실패했다면 그 이유가 무엇일까요? 미신적인 관점에서 보면 그것은 순전히 묘지를 잘못 썼기 때문일 수도 있습니다. 묘지에도 명당자리가 있고 그렇지 않는 자리가 있는데, 묘지를 좋지 않은 곳에 썼기 때문에 사업이 실패할 수 있다고 생각하는 것입니다. 실패의 이유는 집을 잘못 선택했기 때문일 수도 있다고 생각합니다. 만일 좋은 집터에 집을 장만했더라면 이러한 우환을 피할 수 있을 것이라고 생각하는 것이 미신적인 사고방식입니다.

성경적인 관점에서는 그렇지 않습니다. 이 세상의 모든 것들이 다 하나님의 창조물들이기 때문에 어떤 것이 더 좋고 어떤 것이 더 나쁜 것이 있을 수 없습니다. 따라서 우리에게 중요한 것은 어느 날짜에 이사하는가 보다도 실제로 이사한 후에 어떻게 살아가느냐 입니다. 누구와 결혼하는가 보다도 더 중요한 것은 그 배우자와 어떻게 살아가느냐 입니다.

내가 드린 배우자를 위한 기도는 어디서 무엇이 잘못된 것일까?

우리는 종종 하나님께서 나에게 딱 맞는 좋은 배우자를 인도해주실 것을 위하여 기도할 때가 있습니다. 그러면서 여러 가지 조건들을 내세우고 기도하곤 합니다. 어떤 크리스천 상담가는 우리가 결혼을 위해 배우자를 놓고 기도할 때 구체적으로 조목조목 조건들을 들면서 하나님께 기도하라고 권고하기도 합니다. 그러면 하나님께서 우리들의 기도에 정말 세밀한 부분까지 응답해 주셨다는 사실을 발견하고 기쁨을 누릴 수 있을 것이라고 권고하기도 합니다. 그리고 많은 사람들이 정말로 그렇게 기도했는데 하나님께서 대부분의 기도에 응답해주셨다고 간증하는 경우도 많이 보게 됩니다.

하지만 이러한 제안은 아주 심각한 문제를 가지고 있습니다. 첫째, 이러한 기도제목들은 하나님의 선하신 뜻에 부합한 제목이라기보다는 우리들의 이기적인 욕심이 반영된 기도제목들일 가능성이 많다는 점입니다. 누구나다 멋진 외모에 큰 키, 그리고 뒤지지 않는 학력과 경제적 능력, 자상한 마음씨와 매너와 신앙을 갖춘 완벽한 배우자를 꿈꿉니다. 이러한 제목들은 대개 하나님의 선하신 뜻에 부합하지 않고 우리의 욕심을 반영한 것들입니다. 기도는 우리의 뜻을 관철시키는 것이 아니라 하나님의 뜻이 온전히 이루어지기를 구하는 것입니다.

기도는 요술 방망이가 아니다.

둘째, 기도는 내가 원하는 것을 그대로 하나님에게서 받아내는 요술 방망이가 아닙니다. 만일 내가 복권 한 장을 구입한 후에, 하나님께 내가 1등에 당첨된다면 절대로 정욕으로 쓰지는 않을 것이며 오로지 복음을 위해서만 사용하겠다고 기도하면, 하나님께서 그런 나의 기도에 응답하실까요? 절대로 응답하지 않으실 것이라고는 단언할 수는 없겠지만, 거의 100%에 가깝게 응답하지 않을 것입니다. 결코 복권당첨이 성도에게 유익하지 않기 때문입니다. 하나님은 내가 기도하면 기도한 그대로 무조건 들어주는 하나님이 아닙니다. 우리는 기도하면서 하나님의 뜻을 알아가야 하고, 그래서 만일 하나님의 뜻에 합당하지 않다면 우리의 기도 제목을 바꾸어야 합니다. 그래서 나의 뜻이 이루어지기를 억지 부리는 것이 아니라, 하나님의 뜻이 이루어지기를 위하여 기도해야 합니다.

예수님은 하나님께 간절히 기도했습니다. 할 수만 있다면 이 십자가를 지지 않게 해달라고 간구했습니다. 그것은 솔직한 주님의 마음이었습니다. 하지만 기도하면서 예수님은 아버지의 마음을 아셨고, 그래서 "나의 뜻대로 마옵시고 아버지의 뜻대로 하옵소서"라고 기도할 수 있었습니다. 바울 사도도 역시 하나님께 간절히 기도했습니다. 자신을 괴롭히는 육체의 가시를 없애달라는 기도는 이기적인 기도라기보다는 고통을 당하는 자라면 누구나 드릴 수밖에 없는 기도였습니다. 육체의 가시는 복음을 전하는 데에도 장애였으니, 이것은 결코 이기적인 기도도 아니었을 것입니다. 하지만 바울 사도는 기도하는 가운데 하나님의 뜻을 깨달았습니다. 하나님의 은혜가 바울 사도 자신에게 충분하다고 깨달은 것입니다.

우리가 배우자를 위해서 구체적인 기도의 제목을 놓고

서 하나님께 기도할 수 있을 것입니다. 하지만 기도하는 가운데 하나님의 뜻을 발견하면서 우리의 기도제목을 수정해 나가야 합니다. 내 뜻대로 마옵시고, 아버지의 뜻대로 하옵소서 고백해야 합니다. 아마도 이기적인 생각으로 내걸었던 배우자 조건들은 대부분 수정되어야 할 것입니다. 오히려 우리의 기도는 하나님께서 허락하시는 배우자라면 서로 합력하여 좋은 부부가 될 수 있도록 인내하며 아름다운 가정을 꾸밀 수 있는 마음을 위한 기도가 더 바람직할 것입니다.

이 세상에 완벽하게 갖추어진 좋은 배우자는 없다.

사실 배우자를 위한 기도제목이 가지고 있는 세 번째 문제는 마치 이 세상에 좋은 배우자가 있고 나쁜 배우자가 있다는 잘못된 전제입니다. 좋은 배우자만 만나면 결혼 생활은 아무 문제가 없을 것이라는 생각은 잘못된 환상입니다. 절대 그렇지 않습니다. 이 세상에 좋은 배우자란 없습니다. 미신에서 말하고 있는 것처럼 궁합이 맞는 배우자를 찾는 것은 어리석은 일입니다. 성경은 인간은 철저하게 이기적이고 타락한 존재라고 가르칠 뿐입니다.

결혼생활의 성공은 좋은 배우자를 만나는데 있는 것이 아니라, 좋은 부부가 되기 위하여 부단한 노력을 하는데 있습니다. 그렇다면 어떤 배우자를 만나든지 내가 사랑하고 인내하며 좋은 가정을 꾸밀 수 있도록 힘을 달라고 기도하는 것이 훨씬 더 하나님의 뜻에 가까울 것입니다. 결혼은 출발이지 종착점이 아닙니다.

이러한 문제들에 대하여 성령님의 인도하심을 바라는 것은 택일하는 데 또는 궁합이 맞는 사람을 선택하는 데 성령님께서 도움을 줄 것을 요구하는 것이어서는 안 됩니다. 오히려 우리는 하나님께서 우리에게 주신 지혜를 사용하여서 적절한 날짜를 선택하고 적절한 사람을 선택해야 합니다. 하나님께서 우리의 마음에 소원을 주시고 하나님의 뜻을 이루어 나가시기 때문입니다.

> 너희 안에서 행하시는 이는 하나님이시니 자기의 기쁘신 뜻을 위하여 너희에게 소원을 두고 행하게 하시나니(빌립보서 2:13).

하나님께서는 우리에게 가장 완벽한 배우자를 허락해 주시지 않습니다. 아니 이 세상에 완벽한 배우자는 없습니다. 모두가 불완전하고 부족한 사람들뿐입니다. 결혼이란 그런 부족한 사람들끼리 만나서 서로의 부족한 점을 채워주고 사랑하여줌으로써 함께 성장해 나가는 것입니다. 우리는 누구를 만나든지 함께 사랑하면서 부족한 것을 채워주고 같이 성장해나갈 수 있는 힘과 용기를 달라고 기도해야 하는 것이지, 미신에서 그러는 것처럼 궁합이 딱 맞는 배우자를 찾을 것이 아닙니다. 완벽한 배우자를 달라고 기도하는 것은 성경적인 관점이 아닙니다.

우리의 일상생활에서 하나님의 뜻이 무엇인지 성령님의 인도하심을 받는 것은 미신에서 택일(擇日)을 하거나 사주팔자를 보는 것과는 달라야 합니다. 우리는 하나님께서 주신 이성을 사용하여 여러 가지 조건들을 고려해서 가장 좋은 것으로 생각되는 것을 선택할 수 있습니다. 그렇게 선택하는 것은 건전한 것입니다. 성령님의 인도하심을 받는 것은 우리의 이성을 사용하여 합리적인 선택을 하는 것를 배제하는 것이 아닙니다. 우리는 하나님의 말씀을 묵상하는 가운데 무엇이 하나님의 선하신 뜻에 더 일치하는 지 분별해야 합니다. 성령님께서는 우리가 하나님의 선하신 뜻에 맞는 결정을 할 때 기뻐하십니다.

❏ 생각해볼 문제

1. 우리의 마음속에서 갈등이 일어나는 문제들은 어떤 것들이 있습니까? 그럴 때 어떤 방식으로 결정하고 있습니까?

2. 내 마음속에서 떠오르는 생각들이 과연 성령님의 인도하심인지 아니면 나의 욕심인지 구별하는 실제적인 방법이 있을까요? 어떤 식으로 하나님의 뜻을 깨달을 수 있습니까?

3. 가치중립적인 문제들을 결정할 때 어떤 것들을 고려의 대상에 넣을 수 있습니까?

하나님의 나라와 마지막 때
the kingdom of God and the end times

제5강

❏ 마음 열기

1. 나의 인생은 언제까지 살 수 있을 것이라고 예상하십니까? 그리고 이 세상은 언제까지 계속될 수 있을 것이라고 생각하십니까? 개인적인 종말과 우주적인 종말에 대해서 생각해본 적이 있으면 이야기를 나누어봅시다. 아직 살아 있을 때 가장 하고 싶은 것이 있다면 무엇입니까?

2. 천국이 기다려집니까? 아니면 아무런 기대도 흥미도 없습니까? 그 이유는 무엇입니까? 천국에서 누리고 싶은 것이 있다면 무엇입니까? 천국에 대한 생각들을 나누어봅시다.

3. 짐승의 표 666, 7년 대 환란, 바코드, 베리칩, 14만 4
천명이라는 구원을 얻는 사람들의 숫자, 휴거, 코앞으
로 다가온 예수님의 재림에 대해서 들어보셨습니까?
이러한 주장을 들었을 때 받았던 느낌에 대해서 이야
기해 봅시다.

☐ 하나님의 나라와 마지막 때

나는 내일도 살아 있을까?

하루의 시작이 있으면 끝이 있습니다. 일주일의 시작이 있으면 일주일의 끝이 있습니다. 이와 마찬가지로 한 달, 일 년의 시작과 끝이 있습니다. 우리의 인생도 시작할 때가 있었고, 언젠가는 그 끝 날이 올 것입니다. 불로불사 (不老不死)의 삶을 간절히 추구했던 중국의 진시황도 사라졌습니다. 우리의 인생도 그러할 것입니다. 인간에게 한 번 죽는 것은 바꿀 수 없는 자연의 법칙이기 때문입니다.

한번 죽는 것은 사람에게 정해진 것이요 그 후에는

심판이 있으리니 (히브리서 9:27)

범사에 기한이 있고 천하 만사가 다 때가 있나니 날 때가 있고 죽을 때가 있으며 심을 때가 있고 심은 것을 뽑을 때가 있으며 (전도서 3:1-2)

우리의 인생은 너무나도 짧습니다. 어렸을 때에는 시간이 잘 가는 것 같지 않는 것처럼 느끼지만, 나이가 들수록 시간이 너무나도 빨리 흐른다는 것을 실감할 수 있습니다. 그런데도 자신의 죽음을 전혀 예상하지 못하고 마치 인생이 천년만년 계속 될 것처럼 생각하고 사는 사람은 어리석은 사람입니다.

내일 일을 너희가 알지 못하는도다. 너희 생명이 무엇이냐? 너희는 잠깐 보이다가 없어지는 안개니라. (야고보서 4:14)

우리의 모든 날이 주의 분노 중에 지나가며 우리의 평생이 순식간에 다하였나이다. 우리의 연수가 칠십이요. 강건하면 팔십이라도 그 연수의 자랑은 수고와 슬픔뿐이요. 신속히 가니 우리가 날아가나이다. (시편 90:9-10)

어떤 부자가 있었습니다. 그 사람은 풍년을 맞게 되자 곳간을 헐고 새로 짓고 곡식을 더 많이 쌓아두면서 속으로 말했습니다. "여러 해 쓸 물건을 많이 쌓아 두었으니 평안히 쉬고 먹고 마시고 즐거워하자." 하지만 그 사람은 자신의 목숨이 그 모든 쌓아둔 것을 뒤로한 채 그날 밤에 운명할 수도 있다는 사실을 전혀 깨닫지 못했습니다. 그래서 예수님은 그 사람을 어리석은 사람이라고 불렀습니다(누가복음 12:16-21).

하지만 지혜로운 사람은 자신의 삶을 계수할 줄 아는 사람입니다. 모세는 "우리에게 우리 날 계수함을 가르치사 지혜로운 마음을 얻게 하소서"라고 기도했습니다(시편 90:12). 자신의 인생에 끝이 있음을 알고 그 후를 대비할 줄 아는 사람이야말로 지혜로운 사람입니다.

어떤 일꾼이 있었습니다. 그 사람은 주인의 재산을 빼돌리고 탕진하는 나쁜 사람이었습니다. 그러자 그 주인은 그 사람을 당장 해고해 버렸습니다. 그러자 그 사람은 아직 자신의 해고사실이 실제적으로 알려지기 전에 즉 아직 자신이 가지고 있던 권한을 이양하기 전에, 주인에게서 빚진 사람들을 하나씩 불러서 채무증서의 금액을 정정해 주었습니다. 이제 곧 실직자가 되더라도 자신에게서 은혜를 입은 사람들이 자신을 도와줄 것을 기대했기 때문입니다. 예수님은 그런 사람의 이야기를 하시면서, 우리들을 향해서 교훈하셨습니다. "가서 너희는 그 악한 일꾼이 가지고 있었던 지혜를 배우라." 그 악한 일꾼은 자신이 해고된 이후를 위해 준비했던 지혜가 있었던 것입니다(누가복음 16:1-9). 그런데 대부분의 사람들은 아직 자신에게 기회가 있을 때에, 즉 자신에게 아직 생명이 있을 때에, 죽음 이후를 전혀 준비하지 않고 그냥 지내다가 갑작스럽게 죽음을 맞이해버립니다.

마지막이 다가오기 전에 준비해야 할 것은?

천국에는 오직 거룩한 사람들만이 들어갈 수 있습니다. 하나님의 뜻대로 행하는 자만이 들어갈 수 있습니다.

> 나더러 주여 주여 하는 자마다 다 천국에 들어갈 것이 아니요. 다만 하늘에 계신 내 아버지의 뜻대로 행하는 자라야 들어가리라. (마태복음 7:21)

> 여호와여 주의 장막에 머무를 자 누구오며 주의 성산에 사는 자 누구오니이까? 정직하게 행하며 공의를 실천하며 그의 마음에 진실을 말하며 그의 혀로 남을 허물하지 아니하고 그의 이웃에게 악을 행하지 아니하며 그의 이웃을 비방하지 아니하며 그의 눈은 망령된 자를 멸시하며 여호와를 두려워하는 자들을

존대하며 그의 마음에 서원한 것은 해로울지라도 변하지 아니하며 이자를 받으려고 돈을 꾸어 주지 아니하며 뇌물을 받고 무죄한 자를 해하지 아니하는 자이니 이런 일을 행하는 자는 영원히 흔들리지 아니하리이다. (시편 15:1-5)

문제는 우리가 이러한 기준에 부합하지 않다는 점입니다. 아무리 선하게 살려고 노력한다고 할지라도 우리들은 하나님의 기준에서 볼 때 완벽할 수 없습니다. 그래서 성경은 아무도 하나님의 영광에 들어갈 수 있는 사람이 없다고 선언합니다.

모든 사람이 죄를 범하였으매 하나님의 영광에 이르지 못하더니 (로마서 3:23)

따라서 우리는 지금 아직 시간이 있을 때에, 우리가 지은 죄를 회개함으로써 죽음 이후를 준비할 수 있습니다. 모두가 다 죄를 지어서 하나님 앞에 자격이 없다면, 이제는 자신의 잘못을 회개하고 하나님께 용서를 구하는 자에게 기회가 주어지는 것입니다. 죄를 짓지 않을 수 없었다면, 이제는 지었던 죄를 씻어내는 것이 필요한 것입니다.

만일 우리가 우리 죄를 자백하면 그는 미쁘시고 의

로우사 우리 죄를 사하시며 우리를 모든 불의에서
깨끗하게 하실 것이요. (요한일서 1:9)

예수님께서 이 세상에 오셔서 십자가를 지신 것은 우
리가 지은 죄를 대신 지시고 형벌을 받으신 것입니다. 그
래서 우리의 죄가 용서된 것이고, 누구든지 예수님을 영
접하면 구원을 받게 될 것입니다.

영접하는 자 곧 그 이름을 믿는 자들에게는 하나님
의 자녀가 되는 권세를 주셨으니 (요한복음 1:12)

이르되 주 예수를 믿으라. 그리하면 너와 네 집이 구
원을 받으리라 하고 (사도행전 16:31)

누구든지 주의 이름을 부르는 자는 구원을 받으리라.
(로마서 10:13)

지금 우리에게 아직 기회가 있을 때, 우리들의 죄를 자
복하고 회개하며 하나님께 용서를 구해야 하고, 우리를
위하여 십자가를 지신 예수님을 마음으로 영접해야 합니
다.

천국은 지겨운 곳일까? 도대체 거기서 뭘 하지?

천국은 어떤 곳일까요? 금과 은과 다이아몬드가 넘쳐나고 먹을 것이 풍부하고 화려한 곳을 기대하고 있습니까? 성경에서 말하고 있는 그런 물질적 개념의 천국이라기보다는 아무런 부족한 것이 없는 완전한 곳으로서의 천국입니다. 이 세상의 부족함과 대비되는 곳이 천국입니다. 이 세상에서는 슬픔, 고통, 아픔, 시기, 미움, 질투, 배고픔, 소외, 불행, 부족함이 그 특징이라면, 천국은 그런 것들이 더 이상 존재하지 않습니다. 그야말로 천국은 완전한 곳입니다.

> 내가 들으니 보좌에서 큰 음성이 나서 이르되 보라 하나님의 장막이 사람들과 함께 있으매 하나님이 그들과 함께 계시리니 그들은 하나님의 백성이 되고 하나님은 친히 그들과 함께 계셔서 모든 눈물을 그 눈에서 닦아 주시니 다시는 사망이 없고 애통하는 것이나 곡하는 것이나 아픈 것이 다시 있지 아니하리니 처음 것들이 다 지나갔음이러라. (요한 계시록 21:3-4)

천국에 대한 묘사는 아주 널리 알려진 탕자의 비유에서 엿볼 수 있습니다. 탕자는 유산을 챙겨서 아버지의 집을 떠나 멀리 외국으로 갑니다. 하지만 허랑방탕한 삶을 산 그 탕자는 모든 것이 다 떨어져서 먹을 것이 없습니다. 하는 수 없이 남의 집에서 돼지를 치면서 돼지가 먹는 여물로 배를 채우려고 하지만 그것도 쉽지 않습니다. 그러다가 탕자는 문득 깨닫습니다. 아버지의 집에는 품꾼들도 풍족하게 먹는다는 사실을 깨닫습니다. 그래서 결국 탕자는 아버지의 집으로 돌아가게 됩니다. 돌아간 탕자는 아버지의 환영을 받고 아버지가 베푼 잔치에 참여하게 됩니다.

이와 비슷하게 우리는 지금 하나님 아버지의 집을 떠나 이 세상에서 고통스럽게 살아가고 있는 셈입니다. 그래서 늘 슬프고 고통스럽고 문제들을 안고 살아갑니다. 아무리 노력해도 이 세상에서 우리의 문제는 해결되지 않습니다. 비워도 안 되고 채워도 안 됩니다. 우리가 아버지의 집, 곧 천국으로 들어가게 될 때 우리는 비로소 풍족하게 누리게 될 것입니다. 천국은 아무것도 부족함이 없는 곳입니다.

천국에서도 서열과 차등이 있을까?

천국에도 상급이 있고 차등이 있을까요? 어떤 사람들은 그렇다고 말합니다. 구원을 받는 것, 즉 천국에 들어가는 것은 예수님을 믿음으로써 가능하겠지만, 천국에서 어떤 지위를 누리는가는 이 세상에서 우리가 어떻게 살았는가에 따라 결정된다고 주장하는 사람들이 많이 있습니다. 하지만 이러한 생각은 성경적 근거가 희박합니다. 천국에서조차 차등이 있다면, 즉 최상위에 속한 사람들 외에는 여전히 부족한 것을 느껴야만 한다면 그곳이 천국일 수 없습니다. 천국은 그 자체로 아무것도 더 이상 부족한 것이 없는 곳입니다.

예수님을 영접함으로써 구원을 받은, 즉 천국에 들어갈 수 있는 우리가 이 세상에서 더욱 거룩하게 살아야 하고 하나님의 말씀대로 살아야 하는 이유는 그 자체가 기쁨이 되기 때문이지, 그걸 통해서 천국에서 더 좋은 위치를 얻을 수 있기 때문이 아닙니다. 은혜를 입은 사람은 그 은혜를 베푼 분에게 감사를 표하고 싶은 마음이 자연스럽게 드는 것처럼, 우리가 하나님의 자녀가 되었다면 하나님의 뜻대로 살아가면서 하나님이 기뻐하실 일을 하는 것이 자연스러운 것입니다.

물론 성경에는 천국에 상급이 있는 것 같은 표현이 있습니다. 예수님께서는 어린아이를 일으켜 세우시고, "누구든지 이 어린 아이와 같이 자기를 낮추는 사람이 천국에서 큰 자"라고 말씀하셨습니다(마태복음 18:4). 이 표현은 마치 천국에는 큰 자도 있고 작은 자도 있다는 뜻으로 오해하기 쉽습니다. 하지만 이 표현은 그런 뜻이 아닙니다. "천국에서"(in the kingdom of heaven)라는 표현은 영역을 나타내는 말이라기보다는 "천국의 관점으로 볼 때에는"의 뜻으로 보는 것이 더 옳습니다. 즉 이 세상의 관점으로 볼 때에는(from the earthly viewpoint) 어린아이는 작은 자일 수 있지만, 천국의 관점으로 본다면(from the heavenly viewpoint) 이런 어린아이처럼 자신을 낮추는 자야 말로 큰 자라는 뜻입니다. 자신을 낮추지 않는 사람도 천국에 갈 수는 있지만 천국에서 작은 자리를 차지할 것이라는 뜻이 결코 아닙니다. 어린아이와 같이 자기를 낮추지 않는 사람은 천국의 관점으로 보면 작은 자에 불과하고, 그런 작은 자들은 결코 천국에 들어갈 수 없습니다.

> 이르시되 진실로 너희에게 이르노니 너희가 돌이켜 어린 아이들과 같이 되지 아니하면 결단코 천국에 들어가지 못하리라. (마태복음 18:3)

이와 마찬가지로 계명 중에서 "지극히 작은 것 하나라도 버리고 또 그같이 사람을 가르치는 자는" 천국에 들어가기는 하지만 "작다 일컬음을 받을 것"이 아닙니다.

그들은 천국의 관점에서 본다면 작은 자들에 불과하고 그들은 천국에 들어갈 수 없는 자들입니다(마태복음 5:19).

하나님을 찬양하는 천국

천국은 지겨운 곳일까요? 이 세상은 고통스럽지만 참으로 신나고 재미있는 곳입니다. 많은 도전들이 있기에 그것들을 극복해 나가면서 흥미롭기도 하고 성취감을 느끼기도 합니다. 그런데 천국에서는 도대체 무슨 일을 하면서 지낼까요? 천국에서는 무슨 재미가 있을까요? 성경에 보면 천국에서는 하나님을 찬양하는 일이 있을 것이라고 기록하고 있습니다.

> 이 일 후에 내가 보니 각 나라와 족속과 백성과 방언에서 아무도 능히 셀 수 없는 큰 무리가 나와 흰 옷을 입고 손에 종려 가지를 들고 보좌 앞과 어린 양 앞에 서서 큰 소리로 외쳐 이르되 구원하심이 보좌에 앉으신 우리 하나님과 어린 양에게 있도다 하니 모든 천사가 보좌와 장로들과 네 생물의 주위에 서 있다가 보좌 앞에 엎드려 얼굴을 대고 하나님께 경배하여 이르되 아멘 찬송과 영광과 지혜와 감사와

존귀와 권능과 힘이 우리 하나님께 세세토록 있을지
어다. 아멘 하더라. (요한계시록 7:9-12)

하나님께 찬송만 하고 있다면 과연 그곳이 매력적인
곳이 될까요? 그래서 어떤 사람들은 차라리 지옥이 더
재미있을 것이라고 말하기도 합니다. 하지만 정말 그럴까
요?

영국의 문필가인 C.S. 루이스는 찬양이란 "우리의 내적
건강이 밖으로 표출되는 것"이라고 합니다.* 정말 "참을
수 없을 정도로 거슬리는 대상과 마주한 것이 아닌 한"
건강한 사람은 찬양을 하게 되어 있다는 점을 지적하면
서, C.S. 루이스는 우리가 찬양을 할 때에야 비로소 즐거
움이 완성된다고 지적합니다. 연인들은 서로의 아름다움
을 칭찬하는 것은 단순히 찬사를 표하기 위함이 아니라,
그렇게 표현하지 않으면 그들의 즐거움이 완성되지 않기
때문인 것과 마찬가지입니다. 실제로 우리들은 마음속에
서 감흥이 떠오를 때, 그 즐거움을 표현하기 위해 시나
음악, 그림으로 표현합니다. 그런 점에서 천국에서 하나
님을 찬양할 것이라는 표현은 천국이 지루한 곳이라는
의미가 아니라, 정말 최고의 기쁨이 넘치는 곳이 될 것임

---

* C. S. 루이스, 『시편 사색』(홍성사, 2004), 135.

을 나타내는 것입니다.

이과수 폭포 앞에 선 사람은 감탄을 자아내지 않으면 안 되는 벅찬 감동이 있습니다. 이것과 비교할 수 없을 정도로, 우리가 하나님 앞에 서게 될 때 우리는 감탄을 하면서 찬양을 하지 않으면 안 되는 벅찬 감동과 기쁨이 있을 것입니다. 천국은 그런 곳입니다.

짐승의 표 666과 베리칩

오늘날 사람들이 많이 모여 있는 곳에 가면 피켓을 들고 짐승의 표 666을 맞지 말라고 경고하는 사람들을 흔히 만날 수 있습니다. 요한계시록 13장에 나오는 예언을 자의적으로 해석해서 경고하는 사람들입니다.

요한계시록에서는 마지막 때에 짐승이 올라와서 모든 사람들의 오른손이나 이마에 표를 받게 하는 일이 있을 터인데, 이 짐승의 표를 받아야만 매매를 할 수 있게 한다는 예언의 말씀이 있습니다. 그리고 이 짐승의 표는 666이라는 수라고 기록하고 있습니다. 그런데 바로 그 짐승의 표라는 것이 베리칩이라고 주장하면서 앞으로 베리칩이 시행된다 하더라도 절대로 받으면 안 되고, 그 베리칩을 받는 사람은 구원을 받지 못할 것이라고 주장하고 있습니다. 이러한 주장은 한 마디로 황당한 주장이며, 성경적 근거가 희박한 주장일 뿐입니다.

성경 전체에서 가르치고 있는 진리는 오직 예수 그리스도를 믿음으로 말미암아 구원을 얻는다는 것입니다. 그런데 예수님을 믿는다고 할지라도, 잘 몰라서 혹은 실수로 혹은 강제적으로 베리칩이라고 하는 것을 몸에 받게 되면 구원을 상실한다는 주장은 잘못된 주장일 뿐입니다. 하나님 앞에서 가장 중요한 것은 우리의 마음인데, 그 마음과는 아무런 상관없이 몸에 어떤 표식을 받는 것이 구원여부를 결정한다고 할 수 없습니다.

요한계시록의 말씀은 상징적인 메시지를 전달하는 것입니다. 짐승의 표를 오른 손이나 이마에 받는다는 것은 영적으로 사탄 마귀에 굴복하는 것을 상징적으로 나타내는 것일 뿐입니다. 실제적으로 몸에 어떤 표식을 가지는가가 중요한 것이 아니고, 우리의 마음이 사탄에게 굴복하느냐 여부가 중요합니다.

더 나아가 짐승의 표를 베리칩이라고 단정하는 것은 근거가 희박할 뿐입니다. 예전에는 짐승의 표 666이란 네로 황제를 가리킨다고 해석하기도 했고, 히틀러를 가리키는 것이라고 해석하기도 했고, 컴퓨터를 가리킨다고 해석하기도 했고, 바코드를 가리키는 것이라고 해석하기도 했습니다. 무조건 666이라는 숫자와 연관이 되기만 하면 그게 바로 짐승의 표라고 해석해버린 것입니다. 이러한 해석은 근거가 전혀 없는 것입니다. 베리칩에 대해서 여러 가지 이유로 반대를 할 수는 있겠지만, 이것을 받으면 구원을 상실한다는 주장은 전혀 성경적인 근거가 없습니다.

성경에서 "인침을 받는다"는 표현은 어느 누구에게 속한 사람이라는 것을 의미합니다. 따라서 짐승의 표를 받았다는 말은 실제적으로 몸에 표를 받은 것을 의미하는 것이라기보다는 사탄에서 속한 사람들이라는 것임을 나타낼 뿐입니다. 하나님의 백성으로 인침을 받은 자들에 대해서 요한계시록 7장에 기록하고 있는데, 실제적으로 몸에 그런 표를 받는 것을 의미하는 것이 아니라 주님께 속했다는 것을 나타내는 것과 같습니다.

14만 4천명만이 천국에 들어갈 수 있는가?

구원받는 사람의 숫자가 14만 4천명이라는 주장도 많이 듣습니다. 이러한 주장은 "내가 인침을 받은 자의 수를 들으니 이스라엘 자손의 각 지파 중에서 인침을 받은 자들이 십사만 사천이니"라고 기록된 요한계시록 7:4에서 온 것입니다. 하지만 이 숫자가 정말 천국에 들어갈 수 있는 최대 인원을 가리키는지는 성경본문이 말하지 않습니다. 유대 12지파 중에서 각 지파에서 1만 2천 명씩 하나님의 백성이 있을 것이라는 것만을 말할 뿐입니다. 그것도 정확하게 그 숫자만이 천국에 들어갈 수 있다는 것을 의미하기보다는 그만큼 많은 사람이 들어간다는 것을 강조하는 의미이고 상징적인 의미입니다.

성경적으로 바르지 못한 교회에서에서는 그리고 이단 집단에서는 천국에 들어갈 수 있는 사람들의 숫자를 14만 4천명밖에 되지 않는다고 공포심을 조장하면서, 그 숫자 안에 들어가기 위해서는 단순히 예수님을 믿는 것 외에 어떤 특별한 노력이나 추가적인 공헌을 해야 한다고 주장하기도 합니다. 결국 성도들을 착취하는 수단이 되고 있습니다. 하지만 성경 전체에서 분명하게 가르치고 있는 것은 누구든지 예수 그리스도를 믿음으로 고백하는 사람은 차별이 없이 구원을 받는다는 것입니다. 문제는 내가 하나님 앞에 바른 신앙을 가지고 있는가가 중요할 뿐입니다.

설사 백번 양보해서 정말로 구원을 받을 수 있는 사람들의 숫자가 14만 4천명뿐이라고 할지라도, 예수 그리스도를 믿는다면 그 숫자에서 제외되지 않을 것입니다. 성경에서 가르치고 있는 유일한 구원의 조건이 있다면, 그것은 예수님을 영접하는 것이기 때문입니다. 따라서 예수님을 믿었지만 구원받을 수 있는 숫자가 제한되어 있어서, 결국 그 커트라인 안에 들어가지 못하고 천국에 들어갈 수도 없을 것이라는 걱정을 할 필요가 없습니다. 예수님만으로 충분합니다.

휴거가 일어나면 어떻게 하지?

휴거(携擧, rapture)에 대한 이야기도 많이 들었을 것입니다. 휴거란 승천하신 예수님께서 다시 세상으로 오실 때 성도들이 공중에 함께 올리어져 주님을 만나게 될 것을 가리키는 말입니다. 그래서 어느 날 갑자기 같이 지내던 사람들이 휴거가 되고 휴거되지 못한 사람들은 큰 혼란을 겪게 된다는 이야기를 들었을 것입니다.

더 나아가 예수님께서 곧 재림하실 것이라는 경고도 종종 들었을 것입니다. 이 시대는 마지막 때이며, 머지않아 주님께서 곧 재림하실 것인데, 때때로 그 날자와 시간이 언제일 것이라고 이야기하는 사람들도 있습니다. 그래서 우리는 재림하실 주님을 대비해야 한다는 말도 들었을 것입니다. 이러한 주장들은 대부분 성경의 가르침을 크게 왜곡하고 우리들을 두려움에 떨도록 지나치게 강조한 것들이 많습니다.

물론 우리는 오늘 당장 주님께서 재림한다고 하여도 기쁨으로 맞이할 수 있도록 준비해야 하고, 신앙생활을 해야 하는 것이 맞습니다. 그러나 주님의 재림을 준비하는 것은 지금 우리가 하고 있는 일상을 포기하거나 중단하고 어떤 신앙적인 일에만 매어달리는 것이 아닙니다. 예를 들어 주님을 맞이하기 위하여 기도원에 들어간다거나 금식하거나 하면서 기다려야 할 필요가 있는 것은 아닙니다. 사실 주님께서 언제 다시 오실 지에 대해서는 그 누구도 알 수 없기 때문에 그렇게 할 수도 없을 것입니다.

> 그러나 그 날과 그 때는 아무도 모르나니 하늘의 천사들도, 아들도 모르고 오직 아버지만 아시느니라.
> (마태복음 24: 36)

다만 우리는 주님의 재림과 이 세상의 종말이 언제일지 모르기 때문에 언제라도 주님의 재림과 이 세상의 종말을 맞이할 수 있도록 영적으로 깨어 있어야 합니다.

그러므로 깨어 있으라. 어느 날에 너희 주가 임할는
지 너희가 알지 못함이니라. 너희도 아는 바니 만일
집 주인이 도둑이 어느 시각에 올 줄을 알았더라면
깨어 있어 그 집을 뚫지 못하게 하였으리라. 이러므
로 너희도 준비하고 있으라. 생각하지 않은 때에 인
자가 오리라. (마태복음 24:42-44)

휴거가 있다고 해서 두려워 할 것이 아니고, 이 세상의
종말이 다가온다고 해서 두려워할 것이 아닙니다. 누구든
지 예수 그리스도를 믿는 자들에게는 구원이 확실하게
보장되어 있기 때문이며, 예수님을 믿는 것 외에 그 어느
것도 더 이상 요구되는 것이 없기 때문입니다. 이 세상
종말에 대한 가르침은 예수님을 믿지 않는 자들을 향한
경고입니다. 아직 기회가 있을 때에조차 주님을 영접하지
않는다면 결국 마지막 날에 큰 심판을 당할 수 있기 때
문입니다. 주님을 영접한 자들은 그 날을 기쁨으로 맞이
할 수 있을 것입니다.

7년 대환란이 다가오면 어떻게 하지?

7년 대환란에 대해서도 들어보았을 것입니다. 7년 대환

란은 마지막 때에 성도들이 겪어야 하는 환란이 있는데, 그 때 진짜 믿음과 가짜 믿음이 구별될 것이라고 하는 것입니다. 이러한 가르침도 요한 계시록에서 볼 수 있습니다. 그런데 이 환란의 기간은 정말 무섭고 끔찍한 일들이 벌어지고, 성도들이 많은 고난을 당하게 될 것이라고 합니다. 이러한 7년 대환란에 대해서는 성경학자들마다 해석하는 입장이 각각 다릅니다. 실제로 7년 대환란이 있을 것이라고 하더라도 성도들은 두려워할 필요는 없습니다. 아무리 큰 고난이 있다고 할지라도 하나님께서 우리를 고아와 같이 내버려두지 않으시고, 우리가 어디에서 무슨 일을 당하든지 주님의 품으로 품어주시고 보호하실 것이기 때문입니다.

> 내가 너희를 고아와 같이 버려두지 아니하고 너희에게로 오리라. (요한복음 14:18)

7년 대환란의 기간은 마치 이스라엘 민족이 40년간 광야에서 생활했지만 그 광야의 기간은 힘들고 어려운 것만은 아니었던 것과 같습니다. 그곳은 하나님께서 임재하신 곳이었고, 불기둥과 구름기둥으로 인도하신 곳이었고, 하나님께서 물과 양식을 공급해 주신 곳이었습니다. 그래서 하나님의 임재를 생생하게 깨달을 수 있었던 곳이 바로 그 광야였습니다. 광야는 가나안으로 가기 이전에, 가나안에서의 축복의 삶을 미리 체험하는 현장이었던 것입니다. 7년 대환란이 정말 있을지 없을지에 대해서는 성경학자들마다 해석이 다릅니다. 백번 양보해서 7년 대환란이 있다고 하더라도 성도들은 두려워할 필요가 없습니다. 우리가 사망의 음침한 골짜기로 다닐지라도 주께서 우리와 함께 하실 것이고 주의 지팡이와 막대기가 우리를 안위하실 것이기 때문입니다(시 23:4).

❑ 생각해볼 문제

1. 오늘 밤 하나님께서 우리의 생명을 마치게 한다면, 하나님의 나라에 들어갈 자신이 있습니까? 왜 그렇게 생각하십니까?

2. 내가 생각하는 천국의 모습은 어떨 것이라고 생각하십니까? 천국에서 반드시 있었으면 하고 생각하는 것이 무엇입니까? 그 이유는 무엇입니까?

3. 천국에 상급의 차이가 없다면, 우리가 이 세상에서 더욱 신앙적으로 살아야 하는 이유는 무엇입니까?

4. 주님께서 다시 오시는 것을 기쁨으로 고대하십니까? 두렵습니까? 그 이유는 무엇입니까?

나의 신앙고백
my confession of faith

☐ 예수님은 내게 어떤 분입니까?

　예수님은 내게 어떤 분이라고 생각합니까? 전에는 내가 예수님을 누구라고 생각했었는지에 대해서 기록해주시고, 이 책을 읽으면서 깨달은 바가 무엇인지를 기록해 봅시다.

❏ 하나님은 어떤 분입니까?

하나님은 어떤 분이라고 생각합니까? 전에는 내가 하나님을 누구라고 생각했었는지에 대해서 기록해주시고, 이 책을 읽으면서 깨달은 바가 무엇인지를 기록해 봅시다.

❏ 교회는 어떤 공동체입니까?

교회는 어떤 공동체라고 생각합니까? 전에는 내가 교회를 어떻게 생각했었는지에 대해서 기록해주시고, 이 책을 읽으면서 깨달은 바가 무엇인지를 기록해 봅시다.

❏ 성령님의 인도하심은 어떻게 받을 수 있습니까?

성령님의 인도하심은 어떻게 받습니까? 이 책을 읽기 전에 가지고 있었던 생각을 기록해 주시고, 이 책을 읽으면서 깨달은 바가 무엇인지를 기록해 봅시다.

❑ 천국은 어떤 곳일까요?

천국은 어떠한 곳일까요? 어떻게 준비해야 할까요? 이 책을 읽기 전에 가지고 있었던 생각을 기록해 주시고, 이 책을 읽으면서 깨달은 바가 무엇인지를 기록해 봅시다.

❏ 에필로그

　복음은 교회 안의 성도들에겐 너무나도 친숙합니다. 너무나도 친숙해서 그 의미가 무엇인지 깨달을 수 없게 될 때가 많습니다. 은혜, 복음, 사랑, 구원, 삼위일체, 너무나도 자주 사용하는 용어들이어서 오히려 낯설게 느껴집니다. 우리는 다 알고 있다고 그 용어들을 사용하는데 정작 그 의미가 무엇인지 모르면서 사용할 때가 많습니다. 더나아가 우리들은 이해했다고 생각하고 사용하는데 교회 밖의 사람들에게는 도무지 그 말의 뜻이 무엇인지 감을 잡을 수 없습니다. 같은 한국말을 사용하고 있는데 외부인들은 도무지 크리스천들이 무슨 이야기를 하는지 이해하지 못하는 것 같습니다.

　그래서 복음은 언제나 새로운 우리들의 언어로 다시 표현되어야 합니다. 복음이 바뀌었기 때문이 아니라 우리가 쓰는 언어가 바뀌었고 우리들이 처한 상황이 바뀌었기 때문입니다. 그래서 같은 말도 이제는 다른 뜻이 되어버렸기 때문입니다.

『두들겨 보기』는 변화해버린 이 시대에 들려질 수 있는 방식으로 복음을 설명해보려는 몸부림입니다. 구원을 고통의 문제에서의 해방이라는 관점으로 접근하면서 우리가 흔히 사용하는 비움의 방법과 채움의 방법이 부적절한 대안임을 지적하고, 왜 예수님만이 우리들을 위한 유일한 해결책인가를 제시해보려고 했습니다. 우리에게 친숙한 4영리의 설명으로는 잘 이해가 되지 않았던 것들이 이 책을 통해서 좀 더 명확하게 이해되었기를 소망합니다.

하나님을 단순히 기존의 카테고리로만 설명하기보다는 우리 가운데 흔한 오해를 먼저 교정하고 성경에서 말하고 있는 하나님이 어떤 분인가를 소개해보려고 했습니다. 그 하나님은 우리를 사랑하시는 아버지와 같은 분임을 이 책에서 발견할 수 있으면 좋겠습니다.

교회를 떠나는 것이 흔한 이 시대에 여전히 교회가 왜 필요한 것인지에 대해서, 그리고 교회라는 모임을 통해서 우리의 구원이 어떻게 완성되어 가는지에 대해서 설명해보려고 했습니다. 교회라는 곳에 대해서 실망해버린 사람들에게 그 가치를 일깨워주고 교회가 바로 우리가 있어야 할 사명의 현장이자 은혜의 현장임을 배울 수 있으면 좋겠습니다.

또한 신앙생활을 하는 가운데 늘 오해가 생기는 성령님의 인도하심에 대한 문제와 종말과 관련한 우리들의 오해를 성경적 관점에서 풀어 해설해보려고 했습니다. 성령님의 음성을 외면하는 삶을 통해서 우리 크리스천들의 삶이 하나님께서 원하시는 모습에서 많이 멀어져 있었다면, 다시 한 번 하나님의 뜻에 우리 자신을 맞추어가는 기회가 주어질 수 있다면 좋겠습니다.

이 책은 기독교 신앙의 가장 근본적인 문제들을 다룬다는 점에서 세례를 받기 전에 자신의 신앙을 점검하는 데 도움을 주는 책이 될 수가 있을 것입니다. 이제 신앙생활을 시작하려는 분들에게는 성경적인 가르침이 무엇인가에 대한 기본적인 안내서가 될 수도 있을 것입니다. 오랫동안 신앙생활을 하신 분들에게는 마치 돌다리를 두들겨보듯 자신의 신앙이 바른 방향을 향해서 가고 있는지 확인하도록 도움을 줄 수도 있을 것입니다.

제가 전주 예수비전교회에 부임하여 성경공부반을 통해서 이 책의 내용을 나누어 왔습니다. 그때 참여해서 피드백을 주신 분들 때문에 이 책의 내용이 좀 더 탄탄해지고 풍성해지게 되었습니다. 그래서 감사의 인사를 이 지면을 빌어 드리고 싶습니다.

서울 사랑이 머무는 교회의 이상용 목사님은 나의 친구로서 이 책에 대한 가장 통렬한 비판을 해주었습니다. 결국 이 책이 더 멋진 책으로 엮어질 수 있도록 가장 큰 도움을 준 셈입니다. 물론 이 책의 내용에 대한 전적인 책임이 제게 있지만 말입니다.

이 책에 사용된 일러스트를 그려주고 이 책을 멋지게 디자인하여 옷을 입혀준 윤석진 전도사에게도 감사의 마음을 전합니다. 일일이 바쁜 시간을 내어 초고를 읽어보시고 추천사를 보내오신 여러 동역자들에게도 심심한 감사의 인사를 보냅니다. 부족한 사람을 믿고 적극적으로 지원해주시는 예수비전교회 성도님들에게 감사의 인사를 드립니다. 이 책은 제가 행복한 목회의 여정을 걸어갈 수 있도록 목회의 동역자와 친구가 되어주는 예수비전교회 성도님들에게 바치는 감사의 마음입니다. 마지막으로, 봄 햇살 같은 따스함으로 늘 내 곁을 지켜주는 사랑하는 아내의 도움이 있어 집필의 시간이 참 행복했습니다. 고맙습니다! 모든 것이 하나님의 은혜임을 절감하며 하나님께 영광을 올려드립니다.